EVROPA

GYÖRGY DALOS

Olga – Pasternaks letzte Liebe
Fast ein Roman

Deutsche Bearbeitung von Elsbeth Zylla
Text- und Bildrecherchen Andrea Dumai

Europäische Verlagsanstalt

Dieses Buch ist Dr. Almut Weiss, Wien, gewidmet.

Die Deutsche Bibliothek – CIP-Einheitsaufnahme

Dalos, György:
Olga – Pasternaks letzte Liebe : Fast ein Roman / György Dalos. –
Hamburg : Europäische Verlagsanstalt, 1999
ISBN 3-434-50423-0

© Europäische Verlagsanstalt/Rotbuch Verlag, Hamburg 1999
Umschlaggestaltung: Petra Wagner, Hamburg
Motiv: Fotografie von Olga Iwinskaja, 1936, und Boris Pasternaks Widmung
für Olga Iwinskaja, 1947
Herstellung: Das Herstellungsbüro, Hamburg
Satz: Greiner & Reichel, Köln
Druck und Bindung: Clausen & Bosse, Leck
Printed in Germany
Alle Rechte vorbehalten

INHALT

7 Die Romanze

33 Olga in der Lubjanka

55 Schiwago bedroht die Idylle

83 Die Nobelpreisaffäre

111 Westgeld und eine deutsche Frau

139 Der verhinderte Abschied

147 Olgas zweite Lagerhaft

167 Epilog

Anhang

171 Nachwort

173 Auswahlbibliographie

175 Zeittafel

177 Personen

179 Nachbemerkung

180 Bildnachweis

ERSTES KAPITEL

Die Romanze

1

Nach dem ersten gemeinsamen Abend folgte ein Tag, den das Liebespaar ebenfalls zusammen verbrachte. Die Nacht war eine Zeit der Trennung: Der Überlieferung zufolge wanderte Boris Pasternak stundenlang in aufgeregtem Zustand durch das nächtliche Moskau und klingelte bei seiner Geliebten erst um sechs Uhr morgens. Unmittelbar nach dieser intimen Begegnung organisierte Olga für ihren Boris eine Lesung, die dem *Doktor Schiwago* gelten sollte. Das Ereignis fand am 5. April 1947 abends in einer Privatwohnung statt.

Die Lesung war nicht die Premiere des *Schiwago* – diese hatte bereits bei der Pianistin Maria Judina am 6. Februar 1947 stattgefunden. Doch anläßlich des von Olga Iwinskaja inszenierten Abends wurde ihre Rolle in Pasternaks Leben zum ersten Mal gesellschaftlich wahrgenommen. Die anwesende Literaturhistorikerin Emma Gerstejn beschreibt Iwinskaja als eine »hübsche, aber dahinwelkende Blondine« und vergißt nicht anzumerken, wie diese in der Pause der Lesung »im Vorzimmer hinter einem Schrank versteckt schnell Puder auf ihre Nase aufbringt«.

Gleich nach der Lesung teilt sie in einem Brief an Anna Achmatowa gallig und womöglich neidisch mit: »Pasternak hat einen neuen Roman« – eine Anspielung sowohl auf den *Schiwago* als auch auf die Romanze mit Olga Iwinskaja.

Diese ironisch verbrämte Ambivalenz wurde von anderen Zeitzeuginnen geteilt und bildete – je mehr Zeit verging, um so unverrückbarer – die Grundlage für die Beurteilung der Iwinskaja. Selbst die Schriftstellerin Lidija Tschukowskaja, die der Geliebten Pasternaks damals noch nahestand, schrieb anläßlich der Präsentation eines Gedichtbandes des ungarischen Dichters Sándor Petöfi im Januar 1948, zu der Pasternak als Übersetzer eingeladen war: »Sie ist stark geschminkt, lächelnd, zuvorkommend und falsch.« Tschukowskaja beschreibt auch Pasternaks »Märtyrerantlitz« sowie seine Haltung und Gesten an diesem Abend: »Er griff nach beiden Händen von Olga Wsewolodowna.« Bei der Beurteilung der erlauschten Intimität kam der weibliche Part recht ungünstig weg: »Ihre Gesichter sah man fast in derselben Höhe. Ihre Schminke war neben der Nacktheit seines Gesichts schrecklich anzusehen.«

Die Ehefrau Pasternaks, Sinaida Neuhaus, war an diesem Abend nicht anwesend. Im Unterschied zu den Aussagen manch anderer Beobachterinnen war ihre erste Wahrnehmung von Olga Iwinskaja eher sachlich: »Äußerlich hat sie mir sehr gefallen, aber ihre Art zu sprechen wirkte auf mich gerade gegenteilig.« Sie fügte eine ziemlich realistische Bemerkung hinzu, welche die Schwäche der Nebenbuhlerin erahnen ließ: »Bei allem Herumkokettieren gab es an ihr etwas Hysterisches.«

Männeraugen erblickten hier offensichtlich nicht nur Schreckliches oder Hysterisches. Der damals junge Dichter Jewgeni Jewtuschenko beschrieb die Iwinskaja bei der öffentlichen Lesung Pasternaks aus seiner *Faust*-Übersetzung wie folgt: »Im Saal saß, ihre Schultern mit einer weißen Pelzstola verhüllt, die Schönheit Olga Iwinskaja.«

10

2

Eine der Lieblingstheorien sowjetischer Propagandisten bestand darin, zu behaupten, die Fulton-Rede von Winston Churchill im Frühjahr 1946 habe den Kalten Krieg ausgelöst. In Wirklichkeit hatte der britische Staatsmann, als er diesen Terminus erstmalig gebrauchte, damit nur die bereits gegebene Situation charakterisiert: Die Anti-Hitler-Koalition war auseinandergebrochen, sobald sie ihr Ziel, die Vernichtung der Achsenmächte im Zweiten Weltkrieg, erreicht hatte.

Von diesem Augenblick an versuchte jede Seite, die andere zu schwächen, rüstete sich für eine eventuelle Kraftprobe und schreckte vor keinem subversiven oder offenen Kampfmittel zurück. Einzige Ausnahme war der direkte Krieg. Zwar fielen des öfteren Schüsse, doch es kam nicht zu einer Eskalation, die mit den Schrecken der beiden Weltkriege auch nur entfernt vergleichbar gewesen wäre. Die USA versuchten, ihre amerikanischen Hinterhöfe unter Kontrolle zu halten, und die Sowjets schickten ihre Panzer höchstens bis nach Ostberlin oder Budapest. Selbst der Stellvertreterkrieg in Korea ließ im Ergebnis die Kräfteverteilung unangetastet: Unmittelbar nach Kriegsende wurden die ursprünglichen Demarkationslinien als gültige Grenzziehung anerkannt.

So beschränkten sich die Weltmächte zunächst auf Propaganda und Ideologie. Die Radiokriege der späten vierziger und der fünfziger Jahre sollten die Überlegenheit des einen Systems über das andere demonstrieren. Die westlichen Sender argumentierten vor allem mit der Unfreiheit des Ostens, die östlichen Sender hingegen versuchten, ihren Hörern die sozialen Errungenschaften des Sozialismus schmackhaft zu machen. Als ihnen mit der Zeit die

Argumente ausgingen, verlegten sie sich darauf, »Radio Free Europe«, »Voice of America« und BBC zu stören und steigerten dadurch ungewollt deren Glaubwürdigkeit.

Die sozialistischen Länder legten großen Wert darauf, geistige Leistungen, die in ihrer Hemisphäre entstanden waren, von der »freien Welt« anerkannt zu sehen. Die Staaten des Westens widmeten kulturellen Entwicklungen jenseits des Eisernen Vorhangs besondere Aufmerksamkeit, vor allem nach Stalins Tod, als erste Anzeichen für eine Liberalisierung der Kulturpolitik sichtbar wurden. Die genaue Beobachtung solcher Phänomene diente nicht unbedingt subversiven Zwecken. Man gestand zu, daß trotz der politischen Unterdrückung »drüben« bleibende Werte geschaffen wurden, die imstande waren, eine Konkurrenz zur geistigen Produktion des Westens zu bilden. Eine ganz besondere Faszination ging von der russischen Literatur aus.

3

Die Verleihung des Nobelpreises an Boris Leonidowitsch Pasternak (1890–1960) durch das Komitee der Schwedischen Akademie erfolgte am 23. Oktober 1958. Für Freunde wie Feinde des Dichters war sie eine Sensation, aber keine besondere Überraschung. Der damalige Ständige Sekretär der Schwedischen Akademie, Anders Oesterling, plauderte ein wenig über die Vorgeschichte: »Pasternak stand von 1946 bis 1950 auf der Kandidatenliste, dann wieder ab 1957.« Üblicherweise waren die Aktivitäten des Komitees mit seinen diversen Listen in dichten Nebel gehüllt, ähnlich wie das Freimaurertum. So kam das Gerücht, sein Name werde im

Zusammenhang mit dem Literaturpreis gehandelt, erst recht spät bei Pasternak an, und zwar zu einem Zeitpunkt, als es vorübergehend gerade nicht aktuell war. Der Schriftsteller teilte seine diesbezüglichen Sorgen bereits 1954 seiner Cousine und Vertrauten Olga Freudenberg mit: »Ich befürchte, dieser Klatsch könnte sich eher bewahrheiten, als mir lieb sein kann. Obgleich ja diese Preisverleihung automatisch eine Reise zur Entgegennahme des Preises nach sich zöge, ein Hinausfliegen in die weite Welt, einen Meinungsaustausch. Aber auch dann wäre ich wieder nicht imstande, die Reise als Marionette zu machen, wie es so üblich ist. Andererseits müßte ich Rücksicht nehmen auf die Meinen, auf den unvollendeten Roman – was wäre das für eine heikle Situation!«

Pasternak wußte, daß eine Preisverleihung zum damaligen Zeitpunkt nur seiner Lyrik hätte gelten können. Diese wurde zwar wegen ihres »trotzigen Individualismus«, wie der ungarische Literaturhistoriker Antal Szerb in den dreißiger Jahren den Impetus des Poeten nannte, immer wieder zur Zielscheibe der offiziellen Kritik, doch sie war nicht spektakulär, nicht öffentlichkeitswirksam genug, um wirklich nobelpreisverdächtig zu sein. Im nachhinein kann der Eindruck entstehen, es habe für Pasternak über einen längeren Zeitraum hinweg eine Art Blankoscheck gegeben, der zur Entgegennahme des Literaturnobelpreises berechtigte. Zum Einlösen des Schecks fehlte leider »nur« noch das Werk, am besten in mindestens eine Weltsprache übersetzt – in herausragender Qualität, versteht sich, so daß die Verleihung der Auszeichnung allen Lesern zwingend plausibel erscheinen mußte. Genau so war seinerzeit die Verleihung des Literaturnobelpreises an Sully Prudhomme und Thomas Mann vonstatten gegangen.

Die Schwedische Akademie war 1786 von König Gustav III.

ins Leben gerufen worden. Die Hälfte der achtzehn Entscheidungsträger über den Literaturnobelpreis bestand aus Schriftstellern, die andere Hälfte aus Literaturwissenschaftlern und Honoratioren des öffentlichen Lebens. Sie tagten gewöhnlich donnerstags in einem Stockholmer Palais. Die Jurymitglieder schöpften ihre Informationen aus der Nobelbibliothek, in der eingesandte Druckwerke aus aller Welt gesammelt werden. Bevor eine Entscheidung fällt, versuchen die Journalisten, aufgrund der Ausleihezettel der Bibliothek zumindest die engere Auswahl herauszufinden.

Das schwedische Komitee, das den aus humanitären Gründen gestifteten Preis des Dynamit-Erfinders Alfred Nobel verwaltete, hatte bis zum Jahre 1958 zwar weder Tschechow noch Tolstoj begünstigt, aber einen ihrer Nachfolger, den Romancier Iwan Bunin, der seit 1917 im Pariser Exil lebte. Er war der erste Russe, dem der Preis zuteil wurde. Seine Auszeichnung im Jahre 1933 hatte wiederholte Versuche der geheimen sowjetischen Kulturdiplomatie ausgelöst, ihn, der ein unversöhnlicher Gegner und aufmerksamer Beobachter des sowjetischen Systems war, nach Rußland zurückzuholen. In ähnlicher Weise hatte man auch dem Maler Iwan Repin, dem Sänger Fjodor Schaljapin und einigen anderen Künstlern Offerten gemacht. Obwohl alle diese Emigranten eine Rückkehr hartnäckig ablehnten, ließ die Absicht des Zurückholens eine gewisse Zweideutigkeit aufkommen – ganz so, als hätten die Umworbenen in irgendeiner Weise dem ungeliebten Staat Veranlassung zu seinem Liebeswerben gegeben. Die Sowjetunion, im Falle Bunins erfolglos, hatte zu anderen Zeiten auf diesem Terrain durchaus schon Erfolge zu verzeichnen gehabt. 1928 war es zum Beispiel gelungen, Maxim Gorki aus dem Exil zurückzuholen. Gorki galt seit seinem Roman *Die Mutter* als Begründer des von den Bolschewisten geförderten »Sozialistischen Realismus« und somit als Person, die dessen historische Legitimität unter Beweis stellen sollte. Bunin hingegen sollte vor der Weltöffentlichkeit und den damals noch zahlreichen russischen Emigranten als Beleg für den russischen Charakter des Systems dienen und es somit aufwerten.

Die Schwedische Akademie hatte ebenfalls ihre Prestigeerwägungen. Als eine fast im semantischen Sinne noble kulturelle Einrichtung war sie gezwungen, mit kritischen Reaktionen der Öffentlichkeit zu rechnen. Mal wurde die Verleihung des Preises an Pearl S. Buck mit großer Verwunderung zur Kenntnis genommen, mal wurde das Übergehen von Autoren wie Federico Garcia Lorca oder Bertolt Brecht bemängelt, deren überragende literarische Bedeutung bereits zu ihren Lebzeiten außer Frage stand. Die Schwedische Akademie verhielt sich grundsätzlich nach dem Prinzip der Papstwahl: Sie suchte nach Kandidaten, deren Lebenswerk bereits abgeschlossen war, so daß mit unangenehmen Überraschungen nicht mehr gerechnet werden mußte. Gleichzeitig konnten die Jurymitglieder niemals wissen, für welchen der Unsterblichen das Schicksal einen baldigen Tod vorsah.

Boris Pasternak war zur Zeit der Preisverleihung fast neunundsechzig Jahre alt und somit zumindest, was das Lebensalter betraf, auszeichnungsreif. Obwohl das Komitee in seiner Begründung von einem »bedeutenden Beitrag sowohl zur zeitgenössischen Lyrik als auch im Bereich der großen Tradition russischer Prosaisten« sprach, wußten alle, daß der Preis einem ungefähr achthundert Seiten langen Roman galt, den der Autor bereits im Mai 1956 in den Westen hatte schmuggeln lassen. Diese Konterbande stand ein Jahr später in mehreren europäischen und asiatischen Sprachen zur Verfügung. Damit hatte das Stockholmer Komitee einen Text zur Verfügung, der politisch brisant und gleichzeitig – trotz einiger ästhetischer Bedenken gegenüber dem opulenten Werk – qualitativ vertretbar war. Nun ging es nur noch darum, zwischen zwei verschiedenen russischen Werken eine Auswahl zu treffen. 1956 entschied man sich jedoch für Hemingway *(Der alte Mann und das Meer)* anstelle von Scholochow *(Schicksal des Menschen)*. Und 1957 entschied man sich für Albert Camus. Ursache dafür war die gewaltsame Niederschlagung des ungarischen Oktoberaufstands durch die Sowjetunion, die einen offiziellen sowjetischen Autor als nicht hinreichend salonfähig erscheinen ließ. Boris Pasternak war also jahrelang gewissermaßen zum Nobelpreis verurteilt. Oder, anders ausgedrückt: Die Preisverleihung an ihn diente dazu, die Auszeichnung politisch aufzupolieren. Dieses Thema ist in der überaus umfangreichen Pasternak-Sekundärliteratur mehr als hinreichend reflektiert worden. Und obwohl ich großen Respekt vor dem Dichter habe, muß ich zugeben, daß mich vor allem eine Geschichte interessiert, die bei literarisch-historischen Betrachtungen üblicherweise den Fußnoten angehört, die menschlich jedoch für mich im Mittelpunkt steht.

Die Schlüsselrolle in der Affäre Pasternak kam zweifelsohne einer Frau zu, die am Leben und Werk des Dichters zu dieser Zeit großen Anteil hatte. Was ich im folgenden betrachten möchte, ist nicht das Schicksal Pasternaks, sondern das Los seiner Lebensgefährtin Olga Wsewolodowna Iwinskaja (1912–1995).

4

Babje Zarstwo (Weiberkönigreich) lautet der Titel einer der populärsten sowjetischen Nachkriegsfilme. Das Thema ergab sich aus der Tatsache, daß aufgrund von Millionen männlichen Kriegsopfern die sowjetische Gesellschaft von einem erheblichen Männerdefizit geprägt war. Besonders in kleinen Dörfern und Städten lebten zahlreiche verwitwete oder unverheiratete Frauen, häufig mit mehreren Kindern. Angesichts der Mangelware Mann mußten sie sich mit dem Vorhandenen zufriedengeben, während sich die Herren der Schöpfung an einer viel breiteren Auswahl erfreuen durften. Begrenzt wurde deren ungehemmte Triebentfaltung lediglich durch die rigide sowjetische Moral: Scheidungen waren grundsätzlich untersagt, Ehebrüche offiziell verpönt. Ausnahmen wurden vor allem in Großstädten und in Kreisen prominenter Intellektueller geduldet.

Als die fünfunddreißigjährige Olga Iwinskaja im Vorzimmer des Chefredakteurs der Literaturzeitschrift *Novyj Mir* als Redakteurin eingestellt wurde, gehörte sie sofort von Berufs wegen zum Begleitpersonal dieser Prominenz. Ihre Aufgabe war es, aus der Flut von Manuskripten jüngerer Autoren Geeignetes für die Zeitschrift herauszufiltern. Zahlreiche Texte mußte sie ablehnen: Es wimmelte von Dilettanten, die sich hauptsächlich durch ihre Kriegserlebnisse zum Schreiben herausgefordert fühlten. Einige Dichter jedoch, die in späteren Jahren zu Ruhm gelangen sollten, so zum Beispiel der später weltberühmte Jewgeni Jewtuschenko, hatten den Beginn ihrer literarischen Laufbahn vor allem ihr zu verdanken, weil sie Leseproben von Werken, die sie für gelungen hielt, an höhere Redaktionsstellen weitergeleitet hatte. Ihr eigentliches Privileg jedoch bestand im regen Kontakt zur geistigen Elite der Hauptstadt. Im Redaktionsgebäude, dessen Fenster auf das zentral gelegene Puschkin-Denkmal hinausgingen, gaben die Koryphäen der sowjetischen Literatur einander die Klinke in die Hand.

Daneben gab es wenig Anregendes im Leben der Iwinskaja. Sie wohnte in einer Zweizimmerwohnung in der Potapow-Gasse und teilte die engen Räumlichkeiten mit ihren beiden Kindern, dem vierjährigen Mitja und der achtjährigen Ira, die aus zwei vergangenen Ehen stammten, außerdem mit ihrer Mutter und mit deren Lebensgefährten.

Die beiden Ehen der Olga Iwinskaja hatten auf recht dramatische Weise geendet: Der erste Ehemann, Iwan Jemeljanow, erhängte sich 1939, als Olga ihn wegen des zweiten, Alexander Winogradow, verlassen wollte. Der zweite Eheversuch scheiterte nach Olgas Schilderung an den Konflikten zwischen Winogradow und ihrer Mutter. 1940 wurde die unerträgliche Enge in der kleinen Wohnung – vier Erwachsene und zwei kleine Kinder – unerwarteterweise erträglicher, als Olgas Mutter, angeblich wegen abfälliger Bemerkungen über Stalin, verhaftet und zu Lagerhaft verurteilt wurde. Im Verlauf des Verfahrens kam Olga zu Ohren, daß der Denunziant ihr eigener Ehemann gewesen war. Der Vorgang führte zur Zerrüttung der Ehe, und zwei Jahre später starb Winogradow in einem hauptstadtnahen Sanatorium, das groteskerweise am S-Bahnhof »Station Erholung« lag. 1945 kehrte die Mutter Olgas aus dem Lager zurück.

All diese Katastrophen sah man der Fünfunddreißigjährigen nicht an. In den einschlägigen Moskauer Kreisen galt sie als attraktiv. Als der damals sechsundfünfzigjährige Boris Pasternak mit seinen Gedichten persönlich im Gebäude am Puschkin-Platz erschien, sagte die Redaktionssekretärin, eine ältere Dame, zu dem

prominenten Dichter: »Jetzt mache ich Sie mit einer ihrer heiße-
sten Verehrerinnen bekannt.« – »Ich wußte gar nicht«, erwiderte
Pasternak kokett, »daß ich noch heiße Verehrerinnen habe.« Nach
dem obligatorischen Handkuß erzählte er der interessanten Frau,
die ihm da vorgestellt worden war, detailliert von seinen schrift-
stellerischen Plänen, besonders von seinem neuesten Projekt, einem Roman mit dem Titel »Knaben und Mädchen«. Dies war der
ursprüngliche Arbeitstitel für den *Doktor Schiwago*. Iwinskajas op-
tischer Eindruck: »Ein merkwürdiger afrikanischer Gott in europäischer Kleidung.«

Am nächsten Tag fand Olga Iwinskaja fünf signierte Gedicht-
bände Pasternaks auf ihrem Schreibtisch, sorgsam in Zeitungspa-
pier eingewickelt. Der Autor persönlich erschien von nun an jeden
Tag gegen Ende der Arbeitszeit. Es folgten Spaziergänge auf den
verschneiten Boulevards, und jedesmal begleitete Pasternak Olga
Iwinskaja bis zum Haustor. Sie redeten über dies und jenes – Liebe gehörte vorerst nicht zu ihren Themen.

Boris Pasternak brauchte vielleicht gerade deshalb ein Gegenüber, dem er sein Herz ausschütten konnte, und er fand es in Gestalt von Ljussa Popowa, einer Freundin und Verehrerin: »In meinem Leben ist eine goldene Sonne aufgegangen, und das ist so
gut, so gut (…) Sie arbeitet bei *Novyj Mir*. Ich möchte sehr, daß
Sie sie anrufen und kennenlernen …« Was er danach sagte, klingt
wie eine indirekte Botschaft an Olga: »Wissen Sie, Ljussa, ich bin
verliebt.« Popowa fragte zurück: »Was wird jetzt aus Ihrem Leben,
Boris Leonidowitsch?«, und damit meinte sie vor allem das Zusammenleben mit der Ehefrau Sinaida Nikolajewna. Pasternak
antwortete scheinbar entschlossen, doch im Grunde ausweichend:
»Was ist das Leben? Was ist das Leben, wenn nicht die Liebe?«
Alles weitere lief ab wie zu Zeiten von Laclos – die Alltagskultur

der vierziger Jahre hatte die Spielregeln intimer Beziehungen in die Ära der »Liaisons dangereuses« zurückgeworfen.

Ljussa Popowa, der Postillon d'amour, überbrachte den Schlüsselsatz. Es folgten leidenschaftliche Erklärungen von beiden Seiten. Die Gespräche unterwegs vom Puschkin-Denkmal bis zum Haus an der Potapow-Gasse dauerten bis Anfang April 1947. Das Paar hatte keinen Ort, an den es sich hätte zurückziehen können. In Pasternaks Moskauer Wohnung in der Lawruschin-Gasse hielten sich seine Ehefrau Sinaida und die Söhne Stasik und Ljonja auf – die Datscha-Saison in der Schriftstellersiedlung Peredelkino begann erst im Frühjahr. Iwinskajas Wohnung kam ebenfalls nicht in Frage. Die Mutter hatte sich von einer ehemaligen Lagerinsassin in eine Aufseherin verwandelt, die sich zur Aufgabe machte, die sowjetischen Spießersitten zu verteidigen. Die Alte mißgönnte ihrer fünfunddreißigjährigen Tochter die Beziehung zu einem verheirateten und dazu noch viel älteren Mann und wollte sie ohnehin am liebsten wie ein Kind behandeln. Außerdem hatte sie sicherlich Befürchtungen, daß die Liebe zu Pasternak im Gulag enden könnte. Das Ergebnis waren hysterische Szenen zwischen Olga und ihrer Mutter und außerdem eine Geheimniskrämerei, die wiederum gut in die allgemeine Atmosphäre der Gesellschaft paßte.

So blieb die Romanze zunächst auf der Ebene von Wort und Schrift. Das Problem des Siezens oder Duzens wurde lange erörtert, und Olga füllte ein ganzes Heft mit Geständnissen aus ihrer stürmischen Vergangenheit. Die Übergabe dieser Lebensbeichte sollte schließlich im Hof ihres Wohnhauses neben einem funktionsuntüchtigen Springbrunnen stattfinden. Trotz dieses vielversprechenden Relikts verlief das Stelldichein völlig unromantisch. Die Liebenden wurden von Olgas Mutter aus dem Fenster beobachtet. Boris Pasternak wagte nicht, das kleine Heft zu behalten – offensichtlich fürchtete er sich vor den suchenden Händen seiner Gattin. So blieb das Dokument bei der Verfasserin und geriet zwei Jahre später in die Hände der Geheimpolizei.

Pasternak meinte ebenfalls, einiges beichten zu müssen: Er ließ sich über seine Ehen aus, zuerst über die zweite, die aktuelle mit Sinaida Nikolajewna, die einmal als große Liebe begonnen hatte. Er äußerte sich darüber auf eine nicht besonders geschmackvolle Art, indem er behauptete, die Eheschließung von Anfang an zutiefst bereut zu haben. Auch konnte er sich die gallige Bemerkung nicht verkneifen, Sinaida stamme aus einer alten Gendarmenfamilie, und er erzählte, wie er sie seinerzeit ihrem damaligen Mann, dem Musiker Genrich Neuhaus, ausgespannt habe und sich ihretwegen von seiner ersten Gattin habe scheiden lassen. Diese Äußerung konnte Olga Iwinskaja, wenn sie wollte, ohne weiteres als Hoffnungszeichen deuten.

Doch Pasternak ließ ihr auch gegenteilige Botschaften zukommen. Während der schicksalhaften Stunden, in denen sie zum ersten Mal in Olgas Wohnung miteinander allein waren, »hin- und hergerissen zwischen Begeisterung und Verzweiflung«, wie sie später sagte, teilte ihr Pasternak sofort mit, er habe kein Recht auf erfüllte Liebe. Alles Gute auf der Welt sei nicht für ihn da, er sei ein Mann der Pflicht. Trotz dieser ziemlich markanten Weigerung, sich auf eine Beziehung vollständig einzulassen, schlüpfte Iwinskaja gleich in die Rolle der Ehefrau: »Ich habe ihm seine zerknitterten Hosen gebügelt.« Da jedoch dieses gelegentliche Einspringen in die Rolle der Dienerin nicht den Beginn eines ehelichen Lebens bedeutete, operierte Olga statt dessen mit mystischen Allgemeinplätzen: »Es gibt Beziehungen, die geheimnisvoller sind als die Bindung zwischen Gatte und Gattin …«

5

»Schwarzer afrikanischer Gott in europäischer Kleidung« oder »ein Mann ohne Nationalität« – mit diesen Worten faßte Olga Iwinskaja ihren ersten Eindruck von Boris Pasternak zusammen. Das Exotisch-Orientalische in den Zügen des Dichters wurde auch von anderen Zeitgenossen wahrgenommen. Anna Achmatowa sagte zum Beispiel über ihren berühmten Kollegen, er sehe aus »wie ein Araber und sein Pferd«. Die Form des Pferdekopfes wurde durch das vorspringende Kinn verstärkt, und Olga ergänzte dazu, die Zähne seien vom Rauchen gelb gewesen. Später, als sie durch Zahnprothesen ersetzt wurden, wirkte das Kinn sichtbar kleiner.

Pasternak als Gott – diese Begrifflichkeit tauchte bei Iwinskaja mehrfach auf. Als sie im Anschluß an eine Pasternak-Lesung im Historischen Museum am Roten Platz nach Hause kam, wollte sie – nach einem flüchtigen Gespräch mit dem von Verehrern und noch mehr von Verehrerinnen umgebenen Mann – kein Wort mehr reden. »Laß mich in Ruhe, ich habe heute mit dem Herrgott gesprochen!« soll sie mit Nachdruck zu ihrer Mutter gesagt haben.

Das Verhältnis zwischen Autor und Publikum war in Rußland schon immer von einem Hauch, manchmal auch mehr als einem Hauch exaltierter Erotik geprägt. Diese resultierte nur teilweise aus dem Pathos der Dichterverfolgung von Puschkin bis Mandelstam und hing eher mit dem Kastencharakter der sowjetischen Gesellschaft zusammen. Für die »gewöhnlichen Leute« in Rußland war es eine besondere Gnade, mit Poeten in persönliche Berührung zu kommen. Nach literarischen Lesungen hingen die Leute wie Trauben sogar an mittelmäßigen Dichtern. Vergleichbare Aufmerksamkeit und Verehrung wurde im Westen allenfalls Popstars zuteil.

Dabei waren die Dichter, diese höheren Wesen, den selten verehrten, dafür um so mehr gefürchteten politischen Göttern der Partei völlig ausgeliefert. Im Herbst 1946, als Olga Iwinskaja Pasternak kennenlernte, wurde die »Göttin« Anna Achmatowa in einer programmatischen Rede vom Literaturfunktionär Andrej Shdanow öffentlich herabgewürdigt, indem er sie »halb Hure, halb Nonne« nannte. Aus dem Schriftstellerverband wurde sie ausgeschlossen. Wenig später begann die antisemitisch inspirierte Verunglimpfungskampagne gegen die sogenannten »heimatlosen Kosmopoliten« in der Kultur, eine frühe Kampfform des Kalten Krieges. Pasternak konnte aufgrund seiner jüdischen Abstammung und der familiären Kontakte ins Ausland – seine Eltern und zwei Schwestern lebten in Großbritannien – leicht zum Opfer dieses ideologischen Feldzugs werden. Doch obwohl er mehrfach in der sowjetischen Presse als »bürgerlich-dekadent« angefeindet wurde, sollte ihm das Schicksal der Dichterin Achmatowa erspart bleiben.

Von den vier großen Vertretern der vorrevolutionären literarischen Elite – Ossip Mandelstam, Marina Zwetajewa, Anna Achmatowa und Boris Pasternak – gestaltete sich die Laufbahn des letzteren am günstigsten. Mandelstam war 1938 halb verrückt in einem sibirischen Lager gestorben (vermutlich verhungert), und Zwetajewa erhängte sich 1941, schon bald nach ihrer Rückkehr aus dem Exil. Achmatowas erster Ehemann, der Lyriker Nikolai Gumiljow, wurde 1921 als »Konterrevolutionär« hingerichtet, und der zweite, Nikolai Punin, kam 1949 ins Lager. Das geschah auch ihrem Sohn Lew – gleich zweimal, 1938 und 1949. Im Vergleich dazu wurde der spätere Autor des *Doktor Schiwago* von den Herrschenden geradezu gehätschelt. Obwohl von 1948 an bis zu seinem Tode kein Buch von ihm in der Sowjetunion veröffentlicht werden sollte, wurde er als Übersetzer akzeptiert und hatte zahlreiche Aufträge. Diese garantierten ihm ein gleichmäßig hohes Einkommen. Somit war er ausgegrenzt und privilegiert zugleich, ein verbannter Fürst. Ein Zustand wie dieser setzte eine zentral gesteuerte Kulturpolitik voraus.

Die schonungsvolle Behandlung Pasternaks während der Stalinzeit hatte sowohl allgemeinhistorische als auch persönlich-spezifische Gründe. Die Haltung der Bolschewiki zu den Literaten folgte weitgehend der Marxschen Traditionslinie. Der deutsche Philosoph hatte 1851 in einem Brief geschrieben: »Poeten sind mehr oder weniger, selbst die besten, Kurtisanen, und man muß ihnen schmeicheln, um sie zum Singen zu bringen.« Diese Äußerung wurde in der sowjetischen Kulturpolitik als gültige Wahrheit akzeptiert, allerdings mit einer wichtigen Ergänzung: Ein Poet, der nicht hingerichtet, nicht in den Selbstmord getrieben und nicht eingesperrt wurde, durfte wie eine Kurtisane behandelt werden. Im Fall Pasternaks bedeutete dies, daß man ihn tatsächlich mit viel Geld ausstattete, aber man wollte ihn nicht zum Singen, sondern zum Schweigen bringen.

Konkret ging es dabei um ein gewissermaßen persönliches Verhältnis Stalins zu Pasternak. Stalin fühlte sich ihm besonders wegen eines Beileidstelegramms verpflichtet, das der Dichter ihm 1932 anläßlich des Selbstmords seiner Frau zugesandt hatte. Außerdem schätzte der Diktator die herausragenden Übersetzungen Pasternaks von Gedichten georgischer Meister. 1933, als Mandelstam zum ersten Mal verhaftet wurde, weil er ein Spottgedicht auf Stalin verfaßt hatte, rief dieser persönlich bei Pasternak zu Hause an, um sein fachliches Urteil über die Dichtkunst des Verhafteten zu erfragen. Allein schon die inoffiziell kolportierte Vermutung, dieses gespenstische Telefongespräch könnte wirklich stattgefunden haben, hielt manch einen Bürokraten davon ab, Pasternak auch nur ein Haar zu krümmen.

Der Dichter verhielt sich völlig adäquat zu seinen Lebensbedingungen. Er schrieb Gedichte für die Schublade, versuchte diese – meist erfolglos – in Literaturzeitschriften unterzubringen, übersetzte Schillers *Maria Stuart*, Goethes *Faust*, Shakespeares *Hamlet* und lebte für sowjetische Verhältnisse geradezu fürstlich von dem Geld, das er verdiente. Er unterstützte regelmäßig die Familie seines 1938 inhaftierten georgischen Dichterfreundes Tizian Tabidse, der, wie man später erfuhr, gleich nach der Verhaftung hingerichtet worden war. Der zur Vogelfreien erklärten Poetin Anna Achmatowa steckte er tausend Rubel unters Kopfkissen, und er unterstützte finanziell den Satiriker Michail Soschtschenko – hier kam Lidija Tschukowskaja die Rolle zu, das Geld nach Leningrad zu bringen. Pasternak half auch unbekannten Lagerinsassen und versorgte viele Bedürftige mit Lebensmittelkarten. Diese Art von Unterstützung, in den sozialistischen Ländern als »Weiße Hilfe« bezeichnet, leistete er ein Leben lang, ohne Lob oder Anerkennung dafür zu erwarten. Außerdem schrieb er offizielle Anträge für Verhaftete an die Behörden und korrespondierte sogar mit Lagerinsassen. Letzteres war selbst für einen Privilegierten gewagt.

Auch Olga Iwinskaja bot er schon bald, nachdem sie sich kennengelernt hatten, seine Hilfe an. Zu einem Zeitpunkt, als noch keine Liebesbeziehung zwischen ihnen bestand, beschwor er sie, das Journal *Novyj Mir* zu verlassen. »Ich nehme alle Ihre Sorgen auf mich«, erklärte er ihr auf dem verschneiten Puschkin-Platz am 4. Januar 1947. Der Hintergrund dieses Versprechens hing mit der Tatsache zusammen, daß der Chefredakteur Konstantin Simonow einen Verszyklus Pasternaks abgelehnt hatte. Damit hätten die täglichen und gewiß abgehörten Anrufe Pasternaks in der Redaktion sowie seine Besuche gegen Dienstende ihre offizielle Legitimation verloren und Iwinskaja sicherlich kompromittiert. Ob sie das großzügige Angebot damals akzeptiert hat, können wir ihren in diesem Punkt ein wenig nebulösen Erinnerungen nicht entnehmen. Sicher ist nur, daß Pasternak begann, ihr die Kunst der Nachdichtung auf der Basis linearer Übersetzungen beizubringen. Iwinskaja versuchte sich vorwiegend an Gedichten von Poeten aus kaukasischen und zentralasiatischen Republiken, die dem Verlag zunächst unter dem Namen Pasternak zugesandt wurden. Auch wissen wir von gelegentlichen großzügig-spendablen Einkäufen des Dichters vor den arbeitsfreien sowjetischen Feiertagen sowie von Besuchen Pasternaks in der Potapow-Gasse, zu denen er nie mit leeren Händen erschien.

6

Olga Iwinskaja erwartete von ihrem »schwarzen afrikanischen Gott« nicht bloß finanzielle, sondern ebenso gefühlsmäßige Sicherheit. Auch mischten sich etliche Familienmitglieder in die Idylle ein. So forderte zum Beispiel Olgas Mutter, Pasternak solle sich von seiner Frau trennen und die Beziehung zu Olga legitimieren. Pasternaks Antwort: »Ich liebe Ihre Tochter mehr als mein Leben, aber erwarten Sie bitte nicht, daß sich unser Leben äußerlich plötzlich verändert.« Seine potentielle Schwiegermutter war kaum älter als er selbst, und nun sollte er plötzlich, zumindest formell, als Bräutigam der Tochter in ihrem Haus verkehren.

Auf der anderen Seite der Front kämpfte Sinaida Nikolajewna

verzweifelt gegen die Nebenbuhlerin. Was die Gefühlsebene betraf, so war die Ehe der Pasternaks schon recht lange eher ein Zweckbündnis. Sohn Jewgeni erinnert sich an ein Gespräch aus der frühen Nachkriegszeit, in dem die Mutter erklärt habe, an Pasternaks Seite nicht mehr die Rolle der Ehefrau, sondern nur noch diejenige der Hausfrau und Erzieherin des jüngeren Sohnes erfüllen zu wollen. Wir wissen von einer persönlichen Begegnung der Rivalinnen. Im Frühjahr 1948 erschien Olga Iwinskaja unangemeldet in der Moskauer Wohnung der Familie Pasternak, um sozusagen Klarheit zu schaffen. Sie traf auf Sinaida Nikolajewna. »Das Gespräch war sehr kurz« so Jewgeni. Pasternaks Gattin erklärte der Besucherin, »ihr würde es nie gelingen Borjas Familienleben zu zerstören und riet ihr, auf jede Erpressung und Hartnäckigkeit zu verzichten.«

Olga Iwinskaja beschreibt diese Begenung anders. Während des Besuchs bei einer Freundin sei Pasternaks Ehefrau dort aufgetaucht. »Diese schwerfällige, harte Frau« soll ihr gesagt haben, »ihr sei die Liebe zwischen ihr und Borja scheißegal, sie liebe Boris Leonidowitsch nicht, lasse jedoch nicht zu, daß die Familie zerstört werde.« Heute ist es nicht leicht festzustellen, welche Version authentisch ist. Tatsache ist nur, daß der Druck, den Sinaida auf ihren Mann ausübte, vermutlich nicht gering war. So erwog Boris Pasternak eine Zeitlang die Auflösung der Beziehung zu Iwinskaja mit der Begründung: »Ich liebe dich, aber ich muß dich verlassen, weil ich all diese Schrecken des Bruchs mit der Familie nicht ertragen kann.«

Olga Iwinskaja erlebte das Drama auf recht wechselhafte Weise. Einige Male machte sie dem Geliebten hysterische Szenen und drehte sein Foto zur Wand. Später durfte das Konterfei ihres Borja sie wieder anblicken, und sie schien sich mit Pasternaks einlullender Sicht der Dinge versöhnt zu haben: »Oljuschetschka, es soll das ganze Leben so bleiben – wir fliegen zueinander, und es gibt nichts Wichtigeres als die Begegnung … Man muß nichts voraussagen, komplizieren, man muß niemanden verletzen …« Und dann ein Satz, in dem sich seine ganze Verächtlichkeit gegenüber der Beziehung zu Sinaida, aber auch das Eingeständnis der eigenen Unfähigkeit äußerte: »Möchtest du etwa an der Stelle dieser Frau sein?«

7

Auf die erste intime Begegnung folgte die von Iwinskaja organisierte Lesung, auf der die Moskauer literarische Öffentlichkeit – und wahrscheinlich nicht nur diese – die beiden erstmals als Paar wahrnahm. Doch es gab noch einen weiteren Anlaß, der dazu geeignet war, Iwinskaja neben Pasternak beobachten zu können – diesmal eindeutig mit den Augen der Staatssicherheit. Der bereits erwähnte Petöfi-Gedichtband erschien im März 1948, zum hundertsten Jahrestag der ungarischen Märzrevolution, die von der zaristischen Armee mit unterdrückt worden war. Stalin verurteilte öffentlich die russische Einmischung in den Kampf zwischen Ungarn und Habsburgern. Dies hinderte seinen Geheimdienst jedoch nicht daran, dem Empfang in der Ungarischen Botschaft im März 1948 klandestin beizuwohnen.

Der von den ungarischen Kommunisten berufene Gesandte Gyula Szekfü, ein Historiker der alten Schule, lieferte den bürgerlichen Glanz, den die sowjetischen Intellektuellen soeben wieder für sich entdecken wollten. Pasternak hatte den Mut, zu dem

Empfang nicht die Gattin, sondern die Geliebte mitzunehmen. Dieser Vorgang war nicht nur unerhört für die sowjetische Moral, sondern auch sicherheitspolitisch relevant. Einige Jahre später tauchte der Abend als Bestandteil eines Verhörs in der Lubjanka wieder auf.

Das Protokoll darüber fand Olgas Tochter Irina 1988 in den Akten des KGB.

FRAGE Mit welchem Ausländer traf sich Pasternak in Ihrer Anwesenheit?

ANTWORT Ich erinnere mich nicht.

FRAGE Sie lügen schon wieder. Die Zeugin (Ljussa Popowa, G.D.) behauptet, daß sich während des Petöfi-Abends der ungarische Gesandte mit Pasternak unterhalten habe. Sie standen daneben. Die Zeugin sagt aus, Pasternak soll zerrissene Manschetten gehabt haben, was der Aufmerksamkeit des Gesandten nicht entgangen sei. Sie versuchten, diesen Sachverhalt irgendwie zu verbergen.

ANTWORT Nein, das war nicht ich, sondern Popowa selbst. Ich erinnere mich an keine Manschetten und an keinen Gesandten.

Olga Iwinskajas zweideutige Rolle in Pasternaks Leben wirkt bis heute nach. Anders als die Ehefrau Sinaida, deren Haltung zwar häufig kritisiert, aber nie gänzlich in Frage gestellt wurde, erfuhr die Geliebte Olga nicht das Minimum von Akzeptanz. Neben der rigiden sowjetischen Moral, die selbst Regimegegner nicht unbeeinflußt ließ, neben gelegentlichem Neid der Zeitzeuginnen auf Pasternaks Zuneigung, neben hin und wieder offenkundiger weiblicher Eifersucht ist diese Ignoranz teilweise auch mit der Person der Betroffenen und ihrer Haltung zu erklären.

Die von Tschukowskaja apostrophierte Geschminktheit erschien auf dem Hintergrund des »Märtyrerantlitzes« des männlichen Begleiters als Provokation. Dabei ist dieses kosmetisch gestaltete Aussehen mitsamt der Kleidung nichts als ein Zeichen, mit dem Olga ihre Zugehörigkeit zu dem »nackten Gesicht« betonen wollte. Ihre offene erotische Ausstrahlung, verbunden mit der dramatischen privaten Vergangenheit, verlieh ihr jenen mondänen Zug, der auf Pasternak vermutlich anziehend wirkte.

Pasternak galt jedoch als »Gott«, und die Sowjetunion feierte gerade das Goethe-Jahr. Der *Faust*-Übersetzer und seine Leser lasen unter anderem die Ballade »Der Gott und die Bajadere« und wußten, welchen Platz sie Iwinskaja zuzuweisen hatten:

Höre deiner Priester Lehre
Dieser war dein Gatte nicht.
Lebst du doch als Bajadere
Und so hast du keine Pflicht.
Nur dem Körper folgt der Schatten
In das stille Totenreich;
Nur die Gattin folgt dem Gatten:
Das ist Pflicht und Ruhm zugleich.

So lebte Olga Iwinskaja ihr »pflichtfreies« Leben als »Bajadere« – nach Januar 1947 freiberuflich oder, wie man in der Sowjetunion zu sagen pflegte, als »Frau von unbestimmter Tätigkeit«. Sicherlich wirkte sie mit all ihrer Schminke überall fremd, wo sie mit Pasternak erschien. Aber ihre Lage war auf viel grundsätzlichere Weise verfahren: In der Beziehung zu Pasternak gab es weder einen Ausweg noch eine wirkliche Perspektive. Und so brachte, wie es oftmals geschieht, der Körper auch hier die geheimen Wünsche der Seele zum Ausdruck.

Im Spätsommer 1949 wurde Olga schwanger. In einer normalen Situation hätte sie von diesem Ereignis möglicherweise die Intensivierung der Beziehung zu Pasternak oder sogar die längst erhoffte Entscheidung des Dichters erwarten können. Doch so weit sollte es nicht kommen. Noch ehe sie sich ihrer anderen Umstände wirklich gewiß war, wurde Olga Iwinskaja am 6. Oktober 1949 nach einer gründlichen Hausdurchsuchung in ihrer Moskauer Wohnung von den Staatssicherheitsorganen verhaftet.

ZWEITES KAPITEL

Olga in der Lubjanka

1

Über Olga Iwinskajas erste Lagerhaft gibt es sehr wenig direkte Informationsquellen. Vor allem sind dies ihre eigenen Erinnerungen, die Memoiren ihrer Tochter Irina Jemeljanowa sowie einige bereits zur Zeit der Verhaftung lancierte Gerüchte, sofern sie damals, von wem auch immer, zu Papier gebracht worden sind. Außerdem ist einiges den Briefen und Gedichten Boris Pasternaks zu entnehmen, die allerdings die Wirklichkeit stark poetisieren, so daß sie sich nur bedingt dazu eignen, Iwinskajas Geschichte zu dokumentieren.

Nach allem, was wir aus den Erinnerungen wissen, diente der berüchtigte Paragraph 58 – »konterrevolutionäres Verbrechen« – zur Begründung für Iwinskajas Verurteilung zu fünf Jahren Lagerhaft im Jahre 1949. Für sowjetische Verhältnisse während der vierziger Jahre war das lächerlich wenig und wurde deshalb als »Kinderportion« bezeichnet. Die »Achtundfünfziger« hatten während der Blütezeit des Stalinismus zumindest zehn Jahre Gefängnis oder Lager absitzen müssen, gelegentlich verbunden mit der Nebenstrafe »bes prava perespiski« – ohne Recht auf Korrespondenz. Die unterste Strafbemessungsgrenze lag bei drei Jahren, daher war die Strafe von Olga Iwinskaja relativ »milde«. Zudem wurde der Angeklagten unter anderem nicht mehr und nicht weniger vorgeworfen als »Nähe zu spionageverdächtigen Personen«. Die Sowjetunion war womöglich der erste Staat der Welt, in dem für eine derartige Beschuldigung kein Spion notwendig war und ein Verdacht schon für eine Verurteilung ausreichte.

Selbstverständlich müssen wir, um nicht unhistorisch zu werden, dem ideologischen Charakter des sowjetischen Strafrechts Rechnung tragen. Daher erscheint es beinahe logisch, daß der einzig faßbare Anklagepunkt im Hören des russischsprachigen Feindsenders »Voice of America« sowie in Olgas gelegentlichen abfälligen Kommentaren zu einzelnen Sendebeiträgen bestand. Alle Zeugen des Prozesses waren gleichzeitig Angeklagte in ähnlichen Verfahren. Um sie zu einer Aussage zu zwingen, wurden einige von ihnen in Handschellen vorgeführt, die ihnen nur für den Zeitraum des Erscheinens vor Gericht abgenommen wurden. In anderen Fällen äußerten sie sich, weil ihnen mit einer Verhaftung gedroht worden war. Im folgenden soll ein Beispiel zitiert werden, aus dem hervorgeht, was bei diesen Gegenüberstellungen vor sich ging.

UNTERSUCHUNGSRICHTER Sagen Sie über Ihre antisowjetische Tätigkeit aus.

ZEUGE 1 (...) Ich erklärte verleumderischerweise, daß die Abgeordneten bei uns nicht kandidieren, sondern ernannt werden. Bei dieser Herabwürdigung der Sowjetmacht unterstützte mich die Iwinskaja voll und ganz. Ihrerseits erklärte sie, wie sie es im Radio gehört hatte: Wenn in Amerika Kommunisten verhaftet würden, dann geschehe dies für etwas, was sie getan hätten. Bei uns jedoch würden begabte Leute für Gottweißwas verfolgt. Sie lud mich ein, die »Stimme Amerikas« bei ihrem Bekannten zu hören, zu dem wir dann auch gegangen sind ...

UNTERSUCHUNGSRICHTER Aus Ihrem Tagebuch ist der ermittelnden Behörde bekannt, daß Sie in die Iwinskaja verliebt waren und sie heiraten wollten.

ZEUGE 2 (die vom Zeugen 1 erwähnte Person, G.D.) Ich bin im Jahre 1942 beinahe tödlich verwundet worden, bin Kriegsinvalide und kann seitdem nicht mal heiraten. Aber es ist doch nicht verboten, sich zu verlieben.

UNTERSUCHUNGSRICHTER Haben Sie sich als Funkamateur betätigt? Warum haben Sie sich für diese Beschäftigung entschieden?

ZEUGE 2 Ich bin von Beruf Ingenieur, aber wegen meiner Behinderung nicht mobil. Ich beschäftige mich gern mit Radiotechnik.

UNTERSUCHUNGSRICHTER Haben Sie Ihre Freunde zum Hören des Feindsenders »Stimme Amerikas« mit Hilfe des von Ihnen konstruierten Rundfunkgeräts eingeladen?

ZEUGE 2 Ja, ich habe Freunde eingeladen, aber nicht speziell, um die Sendungen zu hören.

UNTERSUCHUNGSRICHTER Unter diesen befand sich auch die Iwinskaja?

ZEUGE 2 Ja, ein- oder zweimal war sie da.

Fassen wir das Offensichtliche zusammen: Bei einem körperbehinderten Kriegsveteranen findet eine Hausdurchsuchung statt, sein privates Tagebuch wird beschlagnahmt, und er wird mit Hilfe seiner intimsten Eintragungen unter Druck gesetzt. Ich habe keinen Zweifel daran, daß er, elend und verkrüppelt wie er war, sein Hobby nur deshalb so weit perfektioniert hatte, um der jungen Frau zu gefallen. Er wußte, daß diese mit dem großen Pasternak vertraut und gegen das Regime eingestellt war. Der »Feindsender« war in diesem Fall also ein Blumenstrauß.

Gleichzeitig wurde in der Sowjetunion seit dem Zweiten Weltkrieg die Tätigkeit der Amateurfunker als paramilitärischer Sportzweig staatlich gefördert, und das Hören der feindlichen Sender war ein Massenphänomen. Verhindern konnte man es staatlicherseits nicht, sondern allenfalls den Empfang der »Stimmen« – so wurden »Voice of America«, BBC und der Münchner Sender »Swoboda« (Freiheit) zusammenfassend genannt – technisch stören. Es galt also, in bestimmten Fällen, wenn es der Behörde zweckdienlich erschien, ein Exempel zu statuieren: Das Hören der feindlichen Sender, so der Vorwurf, führe direkt zu klassenfeindlichen Äußerungen.

Man demütigte also den unglückseligen Zeugen, um die angeklagte Olga Iwinskaja zu kompromittieren. Weshalb aber mußte sie angeklagt werden? Das Verhängen eines – für sowjetische Verhältnisse – Bagatellurteils zeugte von einem pragmatischen Anliegen. Man wollte den unbotmäßigen und an seinem antisowjetischen *Doktor Schiwago* arbeitenden Pasternak unter Druck setzen, damit er weniger häufig halböffentlich las und auch in seiner Diktion etwas vorsichtiger wurde. Es wäre sogar für die Stalinsche Bürokratie eine harte Nuß gewesen, Pasternak anzutasten. So operierte man, wie es in ähnlich gelagerten Fällen schon des öfteren vorgekommen war, mit dem probaten Mittel der Sippenhaft.

Ein anderer Teil des Verhörprotokolls enthält einen direkten Hinweis auf die Verfahrensweise:

UNTERSUCHUNGSRICHTER Was ist Ihnen über die Abmachung zwischen dem Pasternak und der Achmatowa bekannt? Sie sahen doch die beiden zusammen und hörten ihren Meinungsaustausch?

IWINSKAJA Ich habe die Achmatowa zweimal gesehen. Es gab ein allgemeines Gespräch und ein allgemeines Teetrinken. (…)

UNTERSUCHUNGSRICHTER Welche Äußerungen haben sie während dieses sogenannten Teetrinkens ausgetauscht? (…) Was ist Ihnen bekannt über seine negative Einstellung gegenüber dem Beschluß (des Zentralkomitees zu Achmatowa vom August 1946, G. D.)?

IWINSKAJA Er verhielt sich negativ zu diesem Beschluß. Und überhaupt zur Kampagne »Kampf gegen Kosmopolitismus«.

Bei aller Härte der Wutanfälle von Funktionären gegen die Dichterin Achmatowa hatten diese selbst für sowjetische Verhältnisse keine strafrechtliche Relevanz. Ebensowenig konnte Pasternak die Ablehnung solcher Tiraden juristisch vorgeworfen werden. Aber wenn Olga Iwinskaja die Frage des Untersuchungsrichters nicht beantwortet hätte, wäre sie in die kafkaeske Lage geraten, einem Delikt Vorschub leisten zu wollen und hätte sich damit selbst in Schwierigkeiten gebracht. Da sie jedoch vernünftigerweise aussagte, gab sie damit gleichzeitig etwas zu, was weder Achmatowa noch Pasternak je zur Last gelegt worden war.

In bezug auf Pasternak wurden ihr zweifellos auch direkte politische Fragen gestellt.

UNTERSUCHUNGSRICHTER Was ist Ihnen bekannt über die von ihm geleistete feindselige Arbeit, über seine anglophile Einstellung und seine verräterischen Absichten?

IWINSKAJA Man kann ihn nicht der Kategorie der antisowjetisch gesinnten Bürger zuordnen. Er hatte nie verräterische Absichten. Er hat seine Heimat immer geliebt. (…) ja, er äußerte manchmal Unzufriedenheit in bezug auf die Lebensbedingungen in der UdSSR. Ich erkläre dies damit, daß er unverdient vom Leser isoliert blieb. Er ließ aber niemals eine Verleumdung der sowjetischen Wirklichkeit zu und hatte keine verräterischen Neigungen.

Verleumdung und Verrat – um diese abstrakten Begriffe ging es den Verhörern am wenigsten. Ihr Wissensdurst richtete sich auf etwas anderes.

UNTERSUCHUNGSRICHTER Wodurch kam Ihr Verhältnis zu Pasternak zustande? Er ist doch viel älter als Sie.
IWINSKAJA Durch Liebe.
UNTERSUCHUNGSRICHTER Nein, Sie waren miteinander durch Gemeinsamkeiten der politischen Ansichten sowie verräterischen Absichten verbunden.
IWINSKAJA Derartige Absichten gab es nicht. Ich liebte und liebe ihn als Mann.

Olga Iwinskaja selbst hat an dieses Gespräch teilweise andere Erinnerungen. Der Untersuchungsrichter Semjonow sagte direkt: »Ich kann einfach nicht glauben, daß Sie als russische Frau einen alten Juden so lieben konnten ...«
Pasternak selbst hatte ein ambivalentes Verhältnis zu seiner jüdischen Abstammung. Der britische Philosoph Isaiah Berlin, der mit ihm im Herbst 1945 lange Gespräche geführt hatte, erinnerte sich in seinen *Personal Impressions*: »Pasternak war ein russischer Patriot (...) Der seltsame, fast pathologische Wunsch, als echt russischer, tief im russischen Boden verwurzelter Dichter zu gelten, zeigte sich besonders an seiner negativen Einstellung zu seiner jüdischen Herkunft. Hierüber wollte Pasternak nicht sprechen

– nicht, daß es ihm peinlich gewesen wäre, aber er mochte nicht. Er wünschte, die Juden würden sich assimilieren ... Er sprach mit mir als gläubiger Christ ...«

Allerdings konnte Pasternak, ähnlich wie Hunderttausende andere sowjetische Bürger, seine Abstammung nicht leugnen. In seinem Personalausweis stand unter dem berüchtigten Punkt fünf, der Frage nach der Nationalität, das Wort »jüdisch«.

Eher zur ideologischen Rechtfertigung als zur Begründung des Verfahrens diente die Liste der Bücher und Manuskripte, die während der Haussuchung am 9. Oktober 1949 konfisziert worden waren. Unter diesen befanden sich Exilausgaben wie *Der Fall Kornilow* oder *Der Fall Kerenski*, aber auch Texte kommunistischer Autoren wie Sinowjew und Schljapnikow, die dem Großen Terror der dreißiger Jahre zum Opfer gefallen waren. Mit Sicherheit können wir auch das zwei Seiten lange Exzerpt aus einer Tito-Biographie potentiell als Corpus delicti betrachten. Schwerer jedoch wogen wahrscheinlich Manuskripte wie das mit einer persönlichen Signatur versehene *Poem ohne Held* von Achmatowa, die Gedichte von Lidija Tschukowskaja, ebenfalls gewidmet »der lieben O. W. Iwinskaja«, und nicht zuletzt Pasternaks Bücher und Briefe.

Daß Iwinskajas Tagebuch aus dem Jahre 1930 in einer Strafsache 1949 beschlagnahmt wurde, gehört zu den scheinbaren Absurditäten der sowjetischen Justiz. Doch ging es in Wirklichkeit nicht darum, Delikte zu verfolgen, sondern Menschen zu zerstören, und so waren die intimen Mitteilungen einer Achtzehnjährigen durchaus nützlich, um die Sechsunddreißigjährige zu demütigen.

Insgesamt ist jedoch auffällig, daß keines der konfiszierten Dokumente, die Pasternak-Texte ausgenommen, direkt mit den erhobenen Vorwürfen zu tun hatte. In der Anklageschrift gibt es einen einzigen Satz, der diese Kluft zwischen Anspruch und Wirklichkeit zu überbrücken sucht. Dort wird Olga unter anderem der »Lobpreisung des Schaffens des feindlich gesinnten Schriftstellers Pasternak« bezichtigt. Wohlgemerkt: Gegen Pasternak selbst war zu dieser Zeit ein Verfahren nicht einmal geplant.

Die Beziehung zwischen Iwinskaja und Pasternak stand eindeutig im Mittelpunkt des geheimpolizeilichen Interesses. Gleichzeitig verbreitete der KGB in Moskauer Intellektuellenkreisen die Auffassung, Iwinskaja sei nicht aus politischen Gründen, sondern wegen unerlaubter finanzieller Manipulationen unter die Räder der Justiz geraten. So behauptet eine Zeitzeugin, die heute in Paris lebende Nina Murawina, in ihrem Buch *Meine Begegnungen mit Pasternak*, das Verfahren sei auf die sogenannte Ossipow-Affäre zurückzuführen.

Michail Ossipow war kurz nach dem Krieg führender Mitarbeiter des Wochenmagazins *Ogonjok*, für das damals Alexej Surkow als Chefredakteur zeichnete. Ossipow soll Manuskripte junger Autoren formal abgelehnt, dann unter verschiedenen Pseudonymen veröffentlicht und das Honorar über Strohmänner in die eigene Tasche gesteckt haben. Dazu brauchte er fiktive Verträge, deren Unterzeichner er mit kleineren Geldbeträgen honorierte. Dies führte zu seiner Verhaftung und zum Verhör zahlreicher Zeugen.

Olga Iwinskaja hatte unmittelbar nach dem Krieg einige Monate als Sekretärin in dieser Redaktion gearbeitet. Was ihre tatsächliche Rolle in dieser Angelegenheit war, verrät uns Murawina nicht. Um so mehr gibt sie ungewollt ihre Gefühle preis:

»Im Sommer 1948 verbreiteten sich in Moskau Gerüchte über das Verhältnis Pasternaks zu Olga Iwinskaja. Sie selbst streute sie,

42

wo sie nur konnte. (...) An ihrem Äußeren fand ich nichts Interessantes: Mollig wie eine Moskauer Marktfrau, mit einem angenehm lächelnden Gesicht und einem grauen, gespielt sanften Blick. Hätte ich sie nicht einige Male mit Pasternak im Konservatorium gesehen, wäre ich niemals auf sie aufmerksam geworden. (...) Alle, die sie kannten, waren erstaunt darüber, daß Pasternak an ihr etwas gefunden hatte. (...) Die Entfaltung ihrer Romanze bleibt für mich ein Rätsel.«

Für Murawinas Behauptungen gibt es keine Beweise. Die Ossipow-Affäre, eine befremdliche »Tote Seelen«-Geschichte à la Gogol, geisterte jedoch weiter durch Iwinskajas ungeschriebene Vita. Noch Jahre später behaupteten so unterschiedliche Zeitzeugen wie der Funktionär Surkow und die Dissidentin Tschukowskaja, die Verhaftung im Herbst 1949 sei mit Geldangelegenheiten verbunden gewesen.

Heute ist es unmöglich, den Wahrheitsgehalt solcher Vermutungen festzustellen. Wenn man mit Wahrscheinlichkeiten operiert, so ist nicht auszuschließen, daß die Redaktionssekretärin Iwinskaja aufgrund von Anweisungen ihres direkten Vorgesetzten Ossipow Vertragsvollmachten für Autoren unterschrieben hat. Dieses Verfahren war in der damaligen Sowjetunion gang und gäbe, um den langen bürokratischen Weg der Honorarüberweisungen zu verkürzen. Es mag sein, daß sie in den schwierigen Nachkriegsjahren auf diese Weise den kärglichen Familienetat etwas aufbessern konnte. Es gab damals noch Lebensmittelkarten, und 1946 hatte Olga noch keinen großzügigen Freund wie Pasternak an ihrer Seite.

All dies sind lediglich Mutmaßungen. Tatsache ist, daß der Prozeß gegen Ossipow im Sommer 1949, also vor Iwinskajas Verhaftung abgeschlossen war. Es ist durchaus möglich, daß die ermittelnde Behörde jede kompromittierende Tatsache gegen Iwinskaja als Druckmittel einsetzte. Die Anklage lautete jedoch nicht auf Betrug oder Urkundenfälschung, sondern es ging einzig und allein um »antisowjetische Machenschaften«.

2

Das System produzierte massenhaft Schicksale, die jedoch nur in Äußerlichkeiten einander ähnelten. Jedes Opfer brachte etwas Eigenes in das scheinbar komplette Drehbuch ein. Im Falle der Olga Iwinskaja war das Besondere ein ungeborenes Kind.

Dabei sind Realität und Mystik, wie so oft im russischen Leben, kaum mehr zu unterscheiden. Einige Wochen nach ihrer Verhaftung ließ die Gefangene ihre Familie über eine freigelassene Zellenkameradin wissen, daß sie im fünften Monat schwanger und außerdem erkrankt sei. Angesichts ihrer Umstände werde sie gut behandelt. Privilegien in der Untersuchungshaft bestanden üblicherweise in einer erhöhten Lebensmittelration und Sonderspaziergängen im Hof des Untersuchungsgefängnisses.

Solche Wohltaten waren fast das Beste, was die Sowjetmacht einer Gefangenen zu bieten hatte. Diese Form des Humanismus wurde aus zwei Grundsätzen abgeleitet, deren erster ein gesellschaftlicher Allgemeinplatz war: »Unser höchstes Gut ist das Kind.« Der ideologisch begründete Schutz des Ungeborenen kam deshalb zustande, weil in dem Embryo bereits der künftige Sowjetmensch gesehen wurde. Selbst wenn systemfeindliche Gene möglicherweise einen politischen Fehler verursacht hatten, so ging man davon aus, daß dieser im späteren Erziehungsprozeß noch korrigierbar sein würde.

Der andere Grundsatz stammte aus der Zeit des Großen Terrors: »Kein Sohn ist für seinen Vater verantwortlich.« Diese Form der höheren Erkenntnis war Stalin persönlich zu verdanken. Im konkreten Fall hatte dies zu bedeuten: Der Sohn des alten jüdischen Konterrevolutionärs Pasternak – Töchter kamen gar nicht erst in den Blick – hätte es unter günstigen Umständen sogar bis zum ZK-Mitglied bringen können.

Gleichzeitig galt der pragmatische Grundsatz des Staatssicherheitsdienstes, den George Orwell etwa zur gleichen Zeit in seinem Roman *1984* dem Chef der Gedankenpolizei in den Mund gelegt hatte: »Wir können jedem ins Gesicht treten.« Eine Verhaftung war aus dieser Sicht nur eine Warnung an alle anderen: Ihr kommt auch noch an die Reihe. Wir wissen alles über euch. Betrachtet bitte die Tatsache, daß ihr noch auf freiem Fuß herumspaziert, als eine besondere Gnade von uns.

Die Schwangerschaft war von Anfang an, als Iwinskaja sie im 500-Watt-Scheinwerfer des Verhörzimmers erstmals bekanntgab, eine zweischneidige Angelegenheit. Ein ungeborenes Lebewesen galt für die sowjetische Moral als unantastbar und war gleichzeitig für den KGB ein erstklassiges Erpressungsobjekt. Mal versprach der Verhörer der Angeklagten eine Sprechstunde mit dem Geliebten, mal deutete er an, der Spion Pasternak halte sich im Nebenzimmer auf.

Aus dieser Sicht ist es beinahe unnötig, der Frage nachzugehen, ob die dann »tatsächlich« stattfindende Begegnung mit »Pasternak« genau so war, wie sie später von Iwinskaja und auf ihren Spuren von der Tochter Irina beschrieben wurde. Jedenfalls berichtete Iwinskaja, daß sie eines Tages durch endlos lange Korridore und über zahlreiche Treppen in eine Leichenkammer geführt und dort, so zumindest Irinas Ausführungen, aufgefordert worden sei, den Sargdeckel von einem Leichnam abzuheben, was sie dann angeblich verweigerte.

Daß der KGB imstande war, zu jeder Zeit jedwede Art von Leiche zu produzieren, steht außer Zweifel. Wenn Iwinskaja mitgeteilt wurde, man habe Pasternak ebenfalls verhaftet, und er werde gerade im Nebenzimmer verhört, so mußte ihr dies glaubhaft erscheinen. Eine in Aussicht gestellte Gegenüberstellung hatte in ihr wahrscheinlich die Hoffnung geweckt, den Geliebten, und sei es in Handschellen, wiederzusehen. Diese Hoffnung wurde durch die grausame Inszenierung in der Leichenkammer zerstört. Das Ende der Hoffnung war Bestandteil des KGB-Drehbuchs. Über einen Toten konnte man schließlich alles sagen, ohne ihm zu schaden.

Das einzige, was die Alleswisser von der Lubjanka nicht voraussehen konnten, war die Reaktion des Körpers auf die seelische Belastung. Auf die Szene in der Leichenkammer folgte eine Fehlgeburt im fünften Schwangerschaftsmonat.

Danach kam das Straflager in Potjma (Mordwinien). Olga Iwinskaja erinnerte sich in ihren Memoiren: »Wir sind in Reihen über das ganze trockene, glühende Feld verteilt. Unsere grauen, hemdartigen Kittel mit auf den Rücken gestempelten Nummern sind aus imprägniertem Stoff, der keinen Lufthauch durchläßt. Wir nannten ihn Teufelshaut. Der Schweiß fließt in Strömen, juckt quälend zwischen den Brüsten, lockt in Scharen Fliegen und Mükken an. Nirgendwo Schatten. Ich kann die schwere Hacke kaum noch halten. Die Stiefel aus Kunstleder – man hatte mir aus Schikane Größe 44 statt 36 gegeben – kleben an der Erde fest. (…) Seit der Fehlgeburt in der Lubjanka quälten mich unregelmäßige Blutungen und Ausfluß. In der Hitze war das fast unerträglich. Aber

Menstruation und ähnliche Beschwerden galten nicht als Krankheit. Wegen ›sowas‹ wurde man nicht von der Arbeit befreit.«

Die Zwangsarbeit brachte jedoch auch kleine menschliche Erleichterungen mit sich. Zum Beispiel durften die Gefangenen des öfteren Briefe und Pakete bekommen.

3

Pasternak sprach über seine große Liebe zeitlebens nur mit wenigen Menschen. Eine der Auserwählten, denen er sich mitteilen wollte, war seine Cousine Olga Freudenberg: »Ich schinde mich jahraus jahrein wie ein Zwangsarbeiter«, so beginnt die Beichte im Brief vom 29. Juni 1948, »und ständig tun mir alle – Sina, Ljonja, einige Deiner Namensvetterinnen und Nicht-Namensvetterinnen – derart leid, daß ich weinen möchte – als ob ringsum alle unglücklich wären, nur ich allein erlaube mir, glücklich zu sein, und deshalb lebe ich sozusagen auf Kosten der Genannten. In der Tat bin ich wahnsinnig, unbeschreiblich glücklich über meine offene, weite und freie Einstellung zum Leben …«

Ein gutes Jahr später, in einem Brief an seine Cousine vom 7. August 1949, gab er sich etwas nachdenklicher: »Ich habe erneut eine tiefe Leidenschaft erlebt, aber da mein Leben mit Sina Realität ist, mußte ich die erstere früher oder später zum Opfer bringen. Merkwürdig, solange mich Zwiespälte, Gewissensbisse und sogar Schreckensvisionen peinigten, ertrug ich alles leicht, und mir erschien sogar als Glück, was mich jetzt, da ich wieder ununterbrochen und reinen Gewissens bei den Meinen bin, in trostlose Schwermut stürzt …« Diese Erklärung spricht dafür, daß ein Bruch mit Olga zu dieser Zeit bereits stattgefunden hatte. Der Sohn Jewgeni datierte dieses Ereignis auf den Frühling 1949 und sprach von einem »Ende des Verhältnisses« zwischen Iwinskaja und seinem Vater sowie von der »qualvollen Sackgasse« dieser Beziehung. Die Realität des Lebens mit Sinaida bestand in einem jahrzehntelangen Schuldgefühl gegenüber der Ehefrau, deren »Gesicht des Leidens« er in der »Einbildung« mit sich trug (Brief an Renate Schweitzer vom 7. Mai 1958).

Offensichtlich folgte auf diesen Konflikt eine Versöhnung mit Olga. Ihre Schwangerschaft, von der sie Pasternak unmittelbar vor der Verhaftung, möglicherweise am Vorabend, unterrichtete, führte dazu, daß der Mann das künftige Kind als eigenes anerkannte und die Existenz der Liebesbeziehung bestätigte. Noch weniger konnte nach Olgas Verhaftung am 9. Oktober 1949 von einer Trennung die Rede sein. Am 15. Oktober teilte er die Tatsache der Inhaftierung in einem Brief nach Tiflis Nina Tabidse mit: »Meine liebe Freundin Nina, denken Sie nur, welcher Kummer mich getroffen hat und haben Sie Mitleid mit mir. Das Leben wiederholte buchstäblich Fausts letzte Szene ›Gretchen im Gefängnis‹. Meine arme Olja folgte unserem teuren Tizian (dem 1938 verhafteten georgischen Dichter Tabidse, G. D.). Es geschah gerade, eben erst am 9. letzter Woche. Wie viel hat sie schon auf sich genommen! Und nun auch noch das! Antworten Sie nicht darauf, aber ermessen Sie den Grad ihrer Not und das Ausmaß meines Leidens.«

Das Gretchen-Motiv, das im Grunde mit Iwinskajas Situation fast nichts zu tun hatte, war Pasternak besonders nahe, da er in diesen Jahren Goethes *Faust* übersetzte. Einer Bekannten, die in Zentralasien ihre Tage in der Verbannung verbrachte, teilte er im Januar 1950 mit: »Ich habe der Tragödie Ersten Teil sehr schnell

48

und leicht übersetzt. Auch in meinem Leben geschieht alles wie im Faust. Ich übersetzte mit Herzblut und bange sehr um dieses Blut, damit sich die letzte Szene nicht wiederholt. (...) Es geschah im Herbst. Und diese Sache quält und deprimiert mich.«

Gretchen im Gefängnis – wegen Kindsmord. Die literarisierte Parallele vertraute der Dichter später auch Iwinskaja an. Als Widmung für Olga schrieb Pasternak in ein Exemplar seiner *Faust*-Übersetzung: »Olja, tritt für eine kleine Weile aus diesem Buch heraus, setz dich daneben und lies es.« Das Datum: der 18. November 1953, einige Monate nach ihrer Freilassung.

Der Staatssicherheitsdienst als mephistophelische Instanz ließ die Gewissensbisse des Doktor Faustus lange wirken. Als nach der Urteilsverkündung im Juni 1950 die in Iwinskajas Wohnung beschlagnahmten Dokumente sortiert wurden, entschied die Behörde, einige der Corpi delicti an Boris Pasternak zurückzugeben und lud den Betreffenden zu diesem Zweck offiziell vor. Bei den Dokumenten handelte es sich um Briefe, die er an Olga geschrieben, Bücher, die er für sie signiert hatte und die damit im juristischen Sinne sein Eigentum bilden konnten.

Pasternak, der von Olgas Familienangehörigen regelmäßig über den Verlauf der Schwangerschaft unterrichtet worden war, zählte die Monate und war überzeugt, daß die Männer der Lubjanka ihm ein Baby übergeben würden. Dies hätte übrigens nicht der gängigen sowjetischen Praxis entsprochen – für die Kinder der Inhaftierten gab es die berüchtigten staatlichen Kinderheime. Pasternak versuchte seine Ehefrau davon zu überzeugen, das Kind vorläufig zu sich zu nehmen, doch diese reagierte auf das Ansinnen mit heller Empörung. Allerdings wurde dem Dichter am Dzierzynski-Platz dann nur ein Stapel von Büchern und Briefen ausgehändigt. In einer Aufwallung heftiger Schuldgefühle forderte Pasternak den Chef der Geheimpolizei, Abakumow, in einem Brief auf, statt Olga Iwinskaja doch den eigentlich Schuldigen, das heißt ihn selbst zu verhaften. Dieser merkwürdige Antrag blieb jedoch unbeantwortet.

Neben diesem außergewöhnlichen Akt verzweifelten Mutes gab es auch Signale von sehr banaler männlicher Schwäche. Nach dem Besuch im Sitz des KGB riß er auf dem Nachhauseweg in der Metro die Seiten mit den Widmungen aus allen Büchern heraus. Die Angst vor der Lubjanka war nun der Furcht vor einem Ehekrach gewichen.

Während Olga Iwinskaja im Herbst 1950 vom Moskauer Butyrki-Gefängnis in einem Zug für Strafgefangene, der berüchtigten »Stolypinka«, zur Zwangsarbeit nach Mordwinien transportiert wurde, kümmerte sich ihr Freund Pasternak beispielhaft um ihre Angehörigen, als handle es sich um seine eigene Familie. Er unterstützte sie regelmäßig mit größeren und kleineren Geldbeträgen und schrieb außerdem zärtliche Briefe an Olga, allerdings im Namen ihrer Mutter.

Als ihn im Dezember 1952 sein erster Herzinfarkt ereilte, ließ er vom Krankenbett aus 1000 Rubel an die Familie Olgas schikken. Das war auch höchste Zeit, denn die Bewohner der Wohnung in der Potapow-Gasse waren praktisch mittellos. Nun hatten sie jeden Grund, ein mögliches Ableben ihres berühmten Gönners zu fürchten.

Zweieinhalb Monate später starb jedoch nicht Pasternak, sondern Stalin.

4

Olga Iwinskaja erhielt mit der Märzamnestie 1953 ihre Freiheit zurück. Doch fast sofort, als sie aus dem Lager Potjma nach Moskau zurückgekehrt war, fiel auf sie ein schwerer Schatten. In ihren *Aufzeichnungen über Anna Achmatowa* berichtete Lidija Tschukowskaja eine äußerst unangenehme Geschichte, die damals mit Sicherheit in Moskauer Kreisen die Runde machte.

Iwinskaja hatte sich bereit erklärt, der Schriftstellerin Nadeschda Nadeschdina, einer Freundin Tschukowskajas, regelmäßig Geschenke ins Lager zu schicken. Tschukowskaja, die aus Gründen des Selbstschutzes nicht als Absenderin in Erscheinung treten wollte, gab ihr dafür Geld, doch die Pakete kamen niemals im Lager Potjma an. Die Auftraggeberin erhielt auf ihre Fragen von Olga Iwinskaja stets klare und immer ausführlichere Antworten: Welche Wurstsorte, Strümpfe oder Bücher sie bei welchem Postamt aufgegeben hätte, wie lang die Warteschlange gewesen sei und ähnliches. Als Nadeschdina im April 1956 aus dem Lager entlassen wurde, schlug die Stunde der Wahrheit.

Iwinskaja behauptete zunächst, die Postquittungen in einer Vase aufgehoben zu haben, doch sie konnte diese nicht finden. Dann versuchte sie zu erklären, sie habe Tschukowskajas Auftrag einer Freundin übergeben, und diese sei an der Geschichte schuld. Schließlich begann sie zu schluchzen und bat Nadeschdina um Verzeihung, die ihr auch gewährt wurde. Tschukowskajas Beurteilung der Angelegenheit läßt sich in der Aussage auf den Punkt bringen, es gebe »kein größeres Verbrechen als auf freiem Fuß lebend eine Eingesperrte zu bestehlen«.

Falls Tschukowskajas Erzählung der Wahrheit entspricht – und in diesem Zusammenhang ist Iwinskajas Schweigen in ihren Memoiren auffällig beredt – dann müssen wir auch für ihr harsches Urteil Verständnis haben. Allerdings erscheint Olgas Sünde aus einer gewissen historischen Entfernung wenn schon nicht verzeihlich, so doch begreiflich. Sie kam aus dem Lager, freute sich über das freie Leben, nahm Geld von Tschukowskaja an – eine relativ bescheidene Summe – und gab es aus, bevor sie die Geschenke kaufen konnte. Wahrscheinlich hoffte sie auf einen neuen Betrag, und vielleicht beauftragte sie tatsächlich irgendeine Bekannte, um sich zu beruhigen. Bei der Begegnung mit der moralisch rigiden Tschukowskaja war sie einfach unfähig, die Wahrheit zu sagen, und verstrickte sich immer mehr in die Lüge.

Mit der Wahrheit nahm Olga es ohnehin nicht besonders genau. Den Erinnerungen von Mitgefangenen zufolge sprach sie im Lager über ihre beiden Kinder, als seien diese von Pasternak, was Lidija Tschukowskaja mit Ekel und Empörung als »Etikettenschwindel« bezeichnete. Doch ist dies vielleicht ein zu hartes Urteil. Einerseits wollte Iwinskaja sich vielleicht selbst mit einem Märchen trösten, andererseits ihr Ansehen in der Lagerhierarchie erhöhen. Außerdem gehörte zu der Lüge ja auch ein Stückchen Wahrheit: Tatsächlich hielt Pasternak seine schützende Hand über Iwinskajas Kinder. Die Grenze zwischen Wunsch und Wirklichkeit war durchlässig.

Olga Iwinskaja war weit entfernt davon, nach anderen Spielregeln zu leben als denen, welche die gesellschaftlichen Umstände ihr diktierten. Mit einem Bein war sie im Lager geblieben. Sie gab auch nicht die elementare Solidarität mit anderen Insassen auf. Wann immer ihre Leidensgefährtinnen aus Potjma zurückkamen, wohnten diese, wenn sie nach Moskau kamen, um ihre Entlassungspapiere abzuholen, übergangsweise in der engen Wohnung in der Potapow-Gasse. Sie verbrachten dort einige Tage vor der endgültigen Rückkehr in die verschiedensten Orte der Sowjetunion.

Gleichzeitig wollte Iwinskaja diese Vergangenheit möglichst schnell hinter sich lassen und wirkliche Freude an ihrem freien Leben finden. Das künstlerisch-intellektuelle Milieu Moskaus übte eine starke Faszination auf sie aus. Allerdings war die Zeit nicht spurlos an ihr vorbeigegangen, denn sie war nicht mehr die junge Frau, die von den Männern als Schönheit betrachtet wurde. Um so mehr klammerte sie sich an den Mann, mit dem sie die besten Jahre ihres Lebens verbracht hatte.

DRITTES KAPITEL

Schiwago bedroht die Idylle

1

Die Tage nach Stalins Tod im März 1953 waren in der sowjetischen
Gesellschaft von einer merkwürdigen Uneindeutigkeit gekenn-
zeichnet. Einerseits kam es zu einer hysterischen Massentrauer. Vor
dem Kolonnensaal des »Hauses der Gewerkschaften«, in dem der
Führer aller Völker aufgebahrt wurde, drängten sich Hunderttausende, und es kamen sogar Menschen um in dem Gedränge. Andererseits – und hierin unterschied sich der industrialisierte Sowjetstaat erstaunlich wenig vom Reiche Iwans IV. – gab es in der
Verzweiflung des verwaisten Volkes auch die Hoffnung, mit der
Ablösung des Herrschers könnten bessere Zeiten kommen. Das zur
Schau getragene Schluchzen von Millionen, unter ihnen zahlreiche
Lagerinsassen, spiegelte einen seelischen Zustand zwischen Verzweiflung und Hoffnung wider. Ein und dieselben Leute konnten
den »Vater aller Völker« innigst betrauern und gleichzeitig eine
Verbesserung ihres Schicksals direkt nach seinem Tod erhoffen.

Sinaida Nikolajewna versuchte, ihren Ehemann zum Schreiben
eines Trauergedichtes für die *Prawda* zu bewegen. Dies hätte sogar einigermaßen in der Logik seiner literarischen Biographie gelegen. Man kannte seinen in unsowjetischer, privater Sprache ge-
haltenen Kondolenzbrief zum Selbstmord von Stalins Frau 1932

und wußte von dem mystischen Anruf des Diktators anläßlich der Verhaftung von Ossip Mandelstam 1933.

Der Dichter ließ sich jedoch von Stalins Tod nicht inspirieren. Vielleicht verspürte er einen geheimen Triumph, ihn überlebt zu haben. Doch Pasternaks Ziel war es nicht, alt wie Methusalem zu werden, Schmetterlinge zu sammeln und nach und nach seine Irrtümer zu erkennen. Vielmehr sammelte er Fehler, suchte nach Wahrheit und strebte nach Unsterblichkeit. Als Vehikel dazu betrachtete er die Arbeit an seinem *Doktor Schiwago*, ein Sammelwerk für alles Verschwiegene und Halbgesagte in seinem Leben. Die Chance oder, besser gesagt, die einmalige Herausforderung für ihn lautete, alles offen auszusprechen.

2

»Ich sprang vom Bett auf, dann hüpften wir, mein Bruder und ich, um eine jugendlich wirkende junge Frau herum, mit ihrem lieben, vergessenen Gesicht, in einen schrecklichen wattierten Mantel gekleidet und mit einem schmutzigen Sack in der Hand.« So erinnert sich Irina Jemeljanowa in ihrem Buch von 1997 an das Wiedersehen mit der Mutter im Frühling 1953. Über die äußere Erscheinung findet sich des weiteren: »Sogar das ausgebleichte und vorn ausgefallene Haar führte nicht zum Verlust, sondern im Gegenteil zu einer Betonung ihrer Jugendlichkeit.« Außerdem sei sie »schlank und gebräunt« gewesen.

Die Einundvierzigjährige, die aus Potjma in Mordwinien zurückkehrte, mochte in den Augen der Tochter noch so jugendlich wirken – sie hatte andere »Schönheitsfehler«, welche auch die liebende Tochter in ihren Memoiren nicht verbergen konnte. Sie war eine Frau mittleren Alters, deren Existenz seit ihrer Freilassung im doppelten Sinne unlegitimiert blieb. Als politische Gefangene war sie nicht rehabilitiert worden, sondern amnestiert – ihre Freiheit entstammte nicht der Einsicht des Staates in die eigene Ungerechtigkeit, sondern nur seiner Gnade. Sie gehörte nicht zu den privilegierten Opfern, denen man eine finanzielle Entschädigung oder eine lukrative Stelle anbot. Außerdem war ihr bürgerlicher Status auch im privaten Bereich nach wie vor fragwürdig – sie war einfach nur die Geliebte des großen Dichters.

Pasternak hielt gegenüber Olga seine Verpflichtungen ein, die er sich selbst auferlegt hatte, aber eine gemeinsame Zukunft mit ihr hatte er nach wie vor nicht im Sinn. Als die ersten Nachrichten von der Märzamnestie 1953 kamen, schrieb er – wie immer im Namen von Olgas Mutter – einen Brief ins Lager: »Welch unerhörtes Glück, daß wir die Stunde erleben dürfen, in der all das Schreckliche hinter uns liegen wird. Du wirst wieder bei uns sein, bei den Kindern. Und das Leben wird wieder zu einer breiten Straße werden.« Hier ist der Pasternaksche Hang zur Überschwenglichkeit unverkennbar. Es gab jedoch in demselben Brief ein anderes Signal, das Iwinskaja unmittelbar vor ihrer Freilassung verunsichern mußte. »Dein armer B. L. war sehr krank«, so lautete die Botschaft, »(…) jetzt ist er mehr denn je von dem Gedanken besessen, seinen Roman zu Ende zu schreiben, damit, wenn das Unvorhersehbare eintritt, nichts unvollendet bleibt.«

Olga Iwinskaja war noch im Lager, als der Dichter sich während eines Spaziergangs an den Moskauer Patriarchenteichen ihrer Tochter gegenüber erklärte. Der Kern der Botschaft war, zwar würde er Olga niemals im Stich lassen, doch sei die frühere Beziehung zwischen ihnen undenkbar geworden. Irina war nicht kaltblütig genug, ihrer Mutter diese Eröffnung mitzuteilen.

Ohnehin kam alles ganz anders. Eine Trennung war für das Paar nach »all diesem Schrecklichen« noch weniger vorstellbar als das Zusammenleben. Als im Sommer 1954, nach der nicht näher geschilderten »stürmischen Freude« des Wiedersehens, Olga Iwinskaja zum zweiten Mal schwanger wurde, entfaltete Pasternak Gelassenheit: »Das alles ist so, wie es sein soll, rückt alles auf den richtigen Platz; die Lösung wird nun ganz von selbst kommen. Die Welt ist groß genug für uns und unser Kind ...«

Pasternak dachte immer noch nicht daran, das Leben mit Sinaida und seinen Söhnen aufzugeben. Zu einer Zeit, als sich Olga in den Klauen des KGB befand, schrieb er an Nina Tabidse: »Bei alldem stehe ich auf der Wacht für Sina, stehe für ihr Leben mit mir, was ich sie nicht fühlen lasse – auch nie etwas fühlen lassen werde, was sie schmerzen oder kränken könnte.« Dieselbe Entschlossenheit wird in einer an Sinaida gerichteten Widmung der *Hamlet*-Übersetzung aus dem Januar 1948 zum Ausdruck gebracht: »Für Sina, meine Einzige. Wenn ich sterbe, glaube niemandem: Du allein warst mein volles, bis zu Ende gelebtes, bis zu Ende vertrautes Leben.« Diese Sätze enthielten sicherlich nicht die ganze Wahrheit, doch waren sie nicht einfach verlogen. Schließlich blieb die Familie trotz der Affäre mit Iwinskaja unangetastet. Damit wurde die ursprüngliche, von Pasternak definierte Form der Beziehung zu Olga aus den späten vierziger Jahren wiederhergestellt, und auch ein tragisches Ereignis wiederholte sich in gespenstischer Weise. Eine weitere Schwangerschaft Olgas endete ebenfalls mit einer Fehlgeburt.

3

Warum versöhnte sich Olga Iwinskaja erneut mit dem Doppelleben ihres Geliebten und gab sich mit Pasternaks bescheidenem Programm des »Zueinander-Fliegens« zufrieden? Es gibt mehrere Erklärungen dafür.

Nach ihren Erlebnissen im Butyrki-Gefängnis und in Mordwinien mußte ihr der Alltag auf freiem Fuß in Pasternaks Nähe trotz aller Widrigkeiten wie das Paradies auf Erden erscheinen. Außerdem waren sie und ihre Familie nach wie vor finanziell auf die Unterstützung des Freundes angewiesen. Wichtiger jedoch waren vermutlich die gefühlsmäßigen und moralischen Komponenten. Das Leid in Potjma war in Olgas Denkweise eine Investition, die von Pasternak auf irgendeine Art zurückerstattet werden mußte. Der Dichter selbst dürfte in gewisser Weise diese Auffassung geteilt haben.

In den Jahren 1954 und 1955 verbrachte Olga Iwinskaja zunächst den Sommer, später jedoch fast das ganze Jahr in einer halben Datscha der Gemeinde Ismalkowo. Die andere Hälfte war von einem Heizer namens Kusmitsch und seiner Frau Marina bewohnt. Das Dorf war von Peredelkino aus bequem zu Fuß erreichbar. Sobald Boris Leonidowitsch die lange Balkenbrücke des Ismalkowo-Sees überquerte, und dies tat er zweimal täglich, schien Olgas Leben erfüllt zu sein – mit Gesprächen, Liebe, Arbeit, Essen und Trinken. In diesen Stunden verwandelte sich ihre Datscha in die Schillersche »kleine Hütte«. Später erschien hier auch der Teil der Freunde des Dichters, der bereit war, die für sowjetische Auffassungen »illegitime« Beziehung zu akzeptieren.

Das kleine Reich erinnerte in seiner Bescheidenheit an Laras

Haus in Jurjatino aus dem *Doktor Schiwago*. Iwinskajas Erinnerung: »Man betrat das kleine Zimmer durch eine offene Veranda. Im Sommer war das unser Eßzimmer, im Winter unsere Vorratskammer. Ira erwähnt noch einen orangefarbenen seidenen Lampenschirm, den die aus dem Herd herausströmende warme Luft pendeln ließ. In dem 3 mal 3 Meter großen Zimmer stand ein blaues Tischchen, ein Stuhl und ein breites Sofa, mit demselben blauroten Chintz bedeckt wie die Wände. Am Fenster hing ein dicker warmer Vorhang, auf dem Fußboden lag ein flauschiger roter Teppich. Die Tür zur Veranda war mit Filz ausgekleidet, in der Ecke knisterte und knackte der kleine Herd.«

In diesem Raum lebte und arbeitete Olga Iwinskaja. Sie hatte die Kunst des Übersetzens erlernt und bekam regelmäßig Aufträge von Verlagen – gemeinsam mit Pasternak arbeitete sie unter anderem an dem posthumen Gedichtband des in der Zwischenzeit rehabilitierten georgischen Dichter Tizian Tabidse. Bald lieferte sie dem Literaturverlag die Texte von Rabindranath Tagore, selbstverständlich ebenfalls auf der Grundlage einer Interlinear-Version. Gleichzeitig arbeitete Olga wie eine Privatsekretärin Pasternaks. Sie kontrollierte gewissermaßen die Wege des Romans *Doktor Schiwago*, der bereits in gebundener Manuskriptform auf Wanderschaft gegangen war.

Hin und wieder kamen Gäste – Bekannte und Freunde Olgas, oder Irinas Kommilitoninnen vom Gorki-Literaturinstitut, wo Olgas Tochter aufgrund eines von Pasternak verfaßten Empfehlungsschreibens immatrikuliert worden war. Die kleine Datscha war der Ort für das kleine Leben, und das große Leben spielte sich auf der großen Datscha in Peredelkino ab.

Diese Idylle wurde erst durch einen Aufenthalt Pasternaks im Kreml-Krankenhaus und später im Sanatorium unterbrochen.

Beide Örtlichkeiten zeugen davon, daß der Dichter noch dazuge-
hörte – der staatliche Apparat behandelte ihn als Privilegierten.
Die Arthritis, die ihn zwang, ärztliche Behandlung in Anspruch
zu nehmen, war zwar schmerzhaft, aber nicht lebensgefährlich.
Der Patient beschäftigte sich im Krankenbett mit einem Gedichtband für den staatlichen Literaturverlag, und Olga arbeitete an
dieser Ausgabe mit.

Die Herrin der großen Datscha war zunehmend verärgert. Sie
verbreitete im Kreise der Freunde und Bekannten ihren festen
Entschluß: »Die verlassene Frau Pasternaks werde ich nie sein. Ich
werde nur seine Witwe.« Gelegentlich sagte sie tief gekränkt:
»Boris Leonidowitsch gibt es nicht mehr. Es gibt nur noch Olga
Wsewolodowna.« Anna Achmatowa, die sonst niemals ein gutes
Haar an Pasternaks Ehefrau ließ, pflichtete ihr diesmal bei und
sagte vernichtend: »Ich fürchte, Sina hat recht. Dieses Weib hat
ihn aufgefressen. Sie hat ihn bei lebendigem Leibe verschluckt.«

Es gab nur eine Zeugin, die Pasternaks Problem etwas differen-
zierter und aus nächster Nähe sah. So äußerte die Hausgehilfin
der Pasternaks, Tatjana Matwejewna, zu dieser Zeit dem Sohn gegenüber: »Hätte er nur ein wenig Zärtlichkeit zuhause bekomen,
wäre er nie fremdgegangen.« Auf die erstaunte Frage Jewgenis –
»Und Olga Wsewolodowna?« – gab sie ihre Antwort mit einer
matten Handbewegung: »Die? Die schaufelt ihm das Grab.«

Dabei hatte die süße Freiheit von Olga und Borja ihre Grenzen –
sozusagen ihren Eisernen Vorhang. So mußte Pasternak jeden
Abend um elf Uhr in der großen Datscha bei der Gattin Sinaida und
seiner Familie sein. Olga begleitete ihn bis zur Brücke, einer Art

Checkpoint Charlie, und winkte dem in seine andere Welt Davon-
eilenden lange nach. Ehefrau Sinaida duldete, und zwar keinesfalls
sprachlos, die täglichen Ausflüge ihres Mannes ins feindliche Lager, und so hatten sich manche Verhaltensregeln – wie im Kalten
Krieg – zwischen den beiden Frauen fest eingespielt.

Dieses heikle Gleichgewicht wurde ungefähr im Sommer 1956
etabliert und sogleich wieder gestört. Pasternak führte nicht nur
im Privaten, sondern auch im Öffentlichen eine Doppelexistenz,
indem er die Sowjetmacht mit der Muse der Poesie betrog. Das
hatte er schon immer getan, und der staatliche Machtapparat hatte ihm gegenüber keine Illusionen. Jetzt aber ging die Muse
schwanger, die Geburt des Romans stand unmittelbar bevor, und
der Autor war plötzlich gezwungen, Farbe zu bekennen. Er
schätzte dieses Werk höher ein als sein gesamtes bisheriges Œu-
vre und war von seinem künftigen Erfolg auf allen Kontinenten
fest überzeugt. Er schrieb darüber nach Deutschland, nach Frankreich, nach Italien, nach England und sogar in das ferne Uruguay,
an die Dichterin und Pasternak-Übersetzerin Susana Soca: »Das
Wichtigste, was ich im Leben geschafft habe, ist der ›Schiwago‹.«

4

Im Mai 1956 erschien in der Pawlenko-Allee 3 in Peredelkino, der
großen Datscha, der Redakteur des italienischsprachigen Senders
im Moskauer Rundfunk, Sergio D'Angelo, Mitglied der italienischen KP. Ihn begleitete ein in Rom akkreditierter sowjetischer
Diplomat, ein Nebenumstand, der in Pasternaks Augen der Be-

gegnung einen legitimen, wenn nicht gar offiziellen Charakter verleihen konnte. Die italienische KP, die bedeutendste in der kapitalistischen Welt, gehörte zu den wenigen ausländischen Autoritäten, die in der Sowjetunion akzeptiert wurden.

Es wurde reichlich gegessen und getrunken, Sinaida sprach gar von einem »Saufgelage« zu Ehren der Gäste aus »bella Italia«. Der ausgezeichnet russisch sprechende D'Angelo interessierte sich unter anderem für den neuen Roman, den der Autor bereits durch den italienischsprachigen Sender angekündigt hatte.

Viel früher, im April 1954, war in der Zeitschrift *Snamja* (Das Banner) sein Gedichtzyklus mit der Überschrift: »Gedichte des Juri Schiwago« erschienen. Gleichzeitig nutzte Pasternak die Gelegenheit, die Existenz seines neuen Werkes anzukündigen, indem er den Zyklus mit dem Titel versah: »Gedichte aus dem Roman ›Doktor Schiwago‹.« Er fügte eine kurze Notiz hinzu: »Der Roman wird in diesem Sommer wahrscheinlich beendet. Er umfaßt die Zeit von 1903 bis 1929 und enthält einen Epilog, der sich auf den Großen Vaterländischen Krieg bezieht.«

Die Verhandlungen an jenem Sonntagnachmittag wurden nach einigen Stunden in den ersten Stock der Datscha, in das Arbeitszimmer des Autors verlagert. Unten aßen und tranken alle sonstigen Zufallsgäste von den umliegenden Datschen weiter, und Sinaidas Rolle war die der Hausfrau und Gastgeberin. »Ich mischte mich in nichts ein«, erinnerte sie sich später, »und berührte niemals materielle Fragen. So hatten wir es vereinbart. Er gab mir eine bestimmte Summe für den Haushalt, und alles andere war nicht meine Sache. Alle Theatertantiemen (für die von Pasternak übersetzten Bühnenstücke, G. D.) überwies er auf mein Sparbuch, und so war ich versorgt. Meine Haltung mag merkwürdig erscheinen, aber ich stellte als Ehefrau eine gewisse Ausnahme dar« – im Gegensatz zu anderen Schriftstellerfrauen, die Sinaida für wenig tolerant hielt.

Doch diesmal handelte es sich nicht um gewöhnliche Tantiemen und nicht einmal mehr um inländische literarische und finanzielle Angelegenheiten. D'Angelo präsentierte sich als Literaturagent, der im Auftrag des Verlegers Giangiacomo Feltrinelli aus Mailand tätig war. Er bat um das Manuskript, und er bekam es.

Im Augenblick des Abschieds bemerkte Sinaida Nikolajewna, daß einer der Gäste eine dicke Mappe unter dem Arm trug. »Ich begriff, daß dies der Roman war«, lesen wir in ihrem dramatischen Bericht, »sofort ging ich in das Vorzimmer, hielt ihn zurück und sagte, dies sei ein schrecklicher, für ihn (Pasternak, G. D.) äußerst gefährlicher Schritt. Borja bat mich jedoch, mich zu beruhigen: Er solle den Text nur zur Lektüre, nur für einige Tage bekommen.«

Obwohl viel Alkohol mit im Spiel war, mußte Pasternak die eventuelle Veröffentlichung seines Romans im Westen nicht unbedingt als Schnapsidee betrachten. Außer der Publikation der *Schiwago*-Gedichte in der *Snamja* hoffte er damals noch auf die positive Reaktion der Zeitschrift *Novyj Mir*, mit der er seit 1948 einen immer noch gültigen Vertrag über einen »neuen Roman« hatte, sowie auf die verbalen Versprechungen des Staatsverlags, bei dem seine *Ausgewählten Gedichte* auf die Veröffentlichung warteten.

Außerdem rechnete er nicht ganz zu Unrecht mit einer Verbesserung des politischen Klimas in der Sowjetunion. Chruschtschows Enthüllungen über Stalin vom Februar 1956 konnten unter Umständen den Beginn einer Liberalisierung in der Literatur bedeuten. Falls der Roman Aussichten haben sollte, und sei es auch von der Zensur verstümmelt, jemals sowjetische Drucker-schwärze zu sehen, dann stand doch »im Prinzip« einer italie-nischen Ausgabe nichts mehr im Wege. Die Tatsache, daß das Manuskript bereits im Westen angekommen war, konnte eine Entscheidung zugunsten einer Veröffentlichung des Romans in der Sowjetunion möglicherweiser positiv beeinflussen.

Gleichzeitig mußte Pasternak wissen, daß Chruschtschows Ge-heimrede, deren Inhalt im April 1956 über Auslandssender zu den russischen Intellektuellen gelangt war, mit keiner Silbe die Grau-samkeiten der Oktoberrevolution und des Bürgerkriegs erwähnt hatte – und dies war das Hauptthema des *Doktor Schiwago*. Das Kamel war zu groß, um durch das Nadelöhr der sowjetischen Zensur zu gehen. Pasternak mußte mit einem gewaltigen Skandal rechnen, und er nahm diesen von vornherein in Kauf. Gegenüber seiner Ehefrau offenbarte er in einem späteren Gespräch sein Cre-do: »Der Schriftsteller existiert, damit seine Werke gedruckt wer-den.« Selbst Sinaida hatte letztendlich Verständnis für seine Mo-tive: »In seinem Alter hat er das Recht zu einem solchen Schritt. Dreißig Jahre lang hat man ihn für jede Zeile verprügelt, hat ihn nicht gedruckt – und dies alles hat ihn mächtig angewidert.«

Während sich die Ehefrau grundsätzlich aus den geschäftlichen Angelegenheiten ihres Mannes heraushielt, war dies mit Iwinska-ja ganz anders. Die Herrin der kleinen Datscha wurde in alle lite-rarischen Angelegenheiten Pasternaks eingeweiht und fühlte sich auch moralisch zur Mitsprache berechtigt. Während ihrer Verhö-re war der *Doktor Schiwago* ständig Thema gewesen. Als ehemali-ge Lagerinsassin konnte sie – XX. Parteitag hin, Stalinenthüllun-gen her – nicht ernsthaft daran glauben, daß der Transfer eines solchen Manuskripts in den Westen folgenlos bleiben würde.

Olga Iwinskaja kam an demselben Tag gerade stolz und zuversichtlich aus Moskau zurück. Endlich hatte sie als echte Literaturagentin für ihren Borja nach zähen Verhandlungen erwirkt, daß die Zeitschrift *Novyj Mir* demnächst einige Kapitel aus dem *Schiwago* abdrucken würde. Und seine Reaktion darauf war die in ihren Augen absurde Idee, das komplette Buch irgendwo in Italien herauszubringen!

»Stell dir bloß vor, wie man jetzt die Hunde auf dich hetzen wird«, versuchte sie Pasternak, der soeben begeistert über seine Heldentat berichtet hatte, abzukühlen.

5

Viele Zeitgenossen behaupteten in späteren Jahren, das sowjetische System hätte vom eigenen Standpunkt aus klüger gehandelt, wenn es den Roman *Doktor Schiwago* bei einem kleinen Verlag in fünftausend Exemplaren gedruckt und damit der ganzen Affäre den Giftzahn gezogen hätte. Personen, die dem Dichter nahestanden, glaubten eine Zeitlang, das Buch sei durch entsprechende Kürzungen und Änderungen publikationsfähig. Sogar der damalige Parteichef Nikita Chruschtschow bedauerte den Skandal, der aus der Westveröffentlichung entstanden war – allerdings erst nach seiner erzwungenen Abdankung im Oktober 1964. Im nachhinein versuchte er die Verantwortung dafür auf die Kulturfunktionäre abzuwälzen. Boris Pasternak war womöglich der einzige, der diesbezüglich keine Illusionen hatte.

In dem Roman *Doktor Schiwago*, den ich hier nicht nacherzählen möchte, geht es um den Konflikt zwischen der russischen Intelligenz und der Oktoberrevolution. Der Held Juri Schiwago gehört zu denen, die die Brutalität und Willkür der vorrevolutionären Elite verurteilen und von einem Sturz des zaristischen Systems träumen – heute würden wir sie als »linke Intellektuelle« oder »Sympathisanten der Revolution« bezeichnen. Alles, was Doktor Schiwago als Arzt an der Front erlebt, hätte ihn zum glühenden Anhänger Lenins machen können. Mit der bolschewistischen Machtübernahme merkt er jedoch sehr bald, daß die neuen Herrscher ebenso unmenschlich und kulturfeindlich sind wie das Ancien regime oder auch die Weißgardisten – ein Standpunkt, den Maxim Gorki zum Beispiel unmittelbar nach dem Sieg der Bolschewiki öffentlich vertrat.

Natürlich wird all dies nicht in den Thesen eines politischen Pamphlets dargelegt, sondern anhand von menschlichen Schicksalen geschildert; Schiwagos eigentliches Dilemma besteht darin, zwischen den beiden Frauen seines Lebens, der Geliebten Lara und der Ehefrau Tonja, wählen zu müssen. Diese Entscheidung wird durch Revolution und Bürgerkrieg unmöglich gemacht. Tonja emigriert mit den Kindern nach Paris, und Lara geht in den Wirren der neuen Gesellschaft verloren. Wir erfahren nur, daß sie in den späten dreißiger Jahren in einem Lager verschwindet.

Eine solche Darstellung war in der sowjetrussischen Literatur ebenso nichts Neues wie die Betonung der sympathischen Eigenschaften des politischen Gegners. Offensichtlich konnte die siegreiche Revolution die eigene Ambivalenz noch ertragen: Isaak Babel schildert in seiner *Reiterarmee* die Gnadenlosigkeit der Roten ebenso unbefangen wie Michail Scholochow im *Stillen Don*. Boris Lawrenjews Heldin, die Rotgardistin Mascha, die bereits vierzig

Weiße mit ihrer Waffe getötet hat, verliebt sich nach einem Schiffbruch auf einer unbewohnten Insel in den *Einundvierzigsten* (so ist der Titel von Lawrenjews Erzählung). Als das Rettungsschiff an der Küste erscheint, erschießt sie jedoch bedenkenlos den weißgardistischen Offizier (»den Mann mit blauen Augen«), und der Autor findet es nicht problematisch, die menschlichen Gefühle der jungen Frau gegenüber dem Klassenfeind aufzuzeigen. Alexej Tolstojs *Golgatha* ist gänzlich dem Zwiespalt der russischen Intelligenz angesichts der bolschewistischen Revolution gewidmet.

Isaak Babel wurde bis zu seiner Verhaftung gefeiert, Alexej Tolstoj und Michail Scholochow wurden ein Leben lang höchst geachtet. Probleme gab es früh mit Boris Pilnjak, dessen *Erzählung über den unausgelöschten Mond* (1925) als eine der ersten von der sowjetischen Zensur verboten wurde. Bezeichnenderweise geht es hier nicht um einen Weißgardisten, sondern um einen magenkranken roten General, der per Parteibeschluß zu einer Operation gezwungen wird und daran stirbt. Modell dazu soll der Volkskommissar für Verteidigung, Michail Frunse, gewesen sein.

Alle diese Werke waren jedoch vor der »großen Säuberung« entstanden, als die Partei noch in dem Zustand war, daß sie weder vor dem eigenen Schatten noch vor der Literatur Angst hatte. Offensichtlich belasteten die millionenfachen Opfer des Stalinschen Terrors das Konto der Oktoberrevolution zu schwer, und die Partei fühlte sich von jeder prinzipiellen Kritik an Gewalt bedroht. Zudem wollte man den vierzigsten Jahrestag der Oktoberrevolution im Herbst 1957 ungestört begehen. Stalins »Fehler« wurden in diesem Zusammenhang als tragische, aber relativ unbedeutende Episode der ruhmreichen Geschichte beurteilt. Jeder Zusammenhang zwischen Stalins und Lenins Terror wurde tabuisiert. Die Handlungszeit des *Doktor Schiwago* fällt jedoch ausgerechnet in die Jahre, die man beim besten Willen kaum dem Georgier in die Schuhe schieben kann. Die im Roman geschilderten Grausamkeiten finden ausnahmslos in der Ära des »Humanisten« Wladimir Iljitsch Lenin statt.

Zudem fehlt in diesem Roman, der zu Zeiten härtesten Stalinschen Terrors begonnen wurde, jegliches Zeichen von Selbstzensur, die sonst sogar noch die mutigsten Werke der Jahre nach Stalins Tod kennzeichnet. Auch Ilja Ehrenburg, der durch seinen geradezu emblematischen Roman *Tauwetter* (1954) als Eisbrecher der Stalinzeit gilt, thematisiert darin nur die Bauchschmerzen der sowjetischen Intellektuellen, und Gewalt wird nicht zum Thema. Und der Dorfforscher Walentin Owetschkin nimmt in seinen *Bezirksaufzeichnungen* (1952) bereits jede spätere Kritik an den Mißständen in der Landwirtschaft vorweg. Aber sein eigentliches Ziel ist, die Kolchosen funktionsfähiger zu machen. Auch Galina Nikolajewa kritisiert in ihrem Roman *Schlacht unterwegs* (1957) die sowjetisierte Form der Institution Ehe, tut dies jedoch von einem ausdrücklich sowjetischen Standpunkt aus, indem sie diese durch die Legalisierung der Ehescheidung erträglicher zu machen sucht.

Immer waren die Machthaber in solchen Fällen in einem Dilemma. Um bei den Beispielen zu bleiben: Trotz des nahezu unverrückbaren moralischen Werts der Ehe brauchten sie einen Roman, der die Notwendigkeit der Scheidung in »Ausnahmefällen« plausibel machte, denn der zum Erhalt ausgehöhlter Eheverhältnisse gezwungene und daher frustrierte, alkoholisierte Sowjetbürger war kein guter Arbeiter. Sie brauchten auch eine Reportage über die maroden Kolchosen, die nur aufgrund einer materiellen Stimulierung der Bauern funktionsfähig gemacht werden konnten.

Die Autorität der Schriftsteller konnte einiges im Sinne der Partei besser als irgendein Erlaß oder Gesetz in Bewegung bringen.

71

Andererseits hatten die Herrschenden Angst, daß die Literatur ihre plötzlichen Freiräume »mißbrauchen« und die Wirklichkeit als nackte Wahrheit hemmungslos schildern könnte. Zudem gab es den Kalten Krieg, und jede noch so konstruktive Kritik an den politischen Verhältnissen war ein gefundenes Fressen für den ideologischen Gegner. Die damit einhergehende, sicherlich übertriebene Vorsicht führte dazu, daß selbst Werke, die dem heutigen Leser völlig harmlos erscheinen, jahre- oder gar jahrzehntelang in der Schublade verschimmelten.

Ein Roman wie *Doktor Schiwago*, der nicht für und schon gar nicht gegen die Zensur entworfen wurde, hatte angesichts derartiger Befürchtungen keine Chance, gedruckt zu werden. Die Verweigerung der Veröffentlichung wäre, was die Lebensgrundlagen betraf, für Pasternak folgenlos geblieben. Er hätte ungestört an seinen Übersetzungen weiterarbeiten und sogar Gedichte publizieren können.

Die seit den späten zwanziger Jahren einmalige Tatsache jedoch, daß ein Autor seinen Text für das feindliche Ausland freigab, ging über die Frage des Seins oder Nichtseins des Manuskripts hinaus und stieß unmittelbar an strafrechtliche Grenzen. Pasternak begriff in dem Moment, als er das Manuskript aus der Hand gab, plötzlich die Bedeutung des Vorgangs. Sinaidas Erinnerungen zufolge soll er zum Abschied zu D'Angelo gesagt haben: »Sie sind jetzt schon zu meiner Hinrichtung eingeladen.« D'Angelo selbst erinnert sich an den Satz anders: »Sie werden mich vor dem Hinrichtungspeloton sehen.«

6

Olga Iwinskaja war sich der Gefahr einer Kriminalisierung der Romanveröffentlichung bereits während der Entstehungszeit des Textes bewußt. Der Verhöroffizier Semjonow hatte ihr im Herbst 1949 eindeutig gesagt: »Ich rate Ihnen gründlich, über den Roman von Pasternak, der hier die Runde macht, nachzudenken. Ausgerechnet jetzt dieser Roman – in einer Zeit, in der wir von so viel Übelwollenden und Feinden umgeben sind! Der antisowjetische Inhalt ist Ihnen ja wohl bekannt. Sie werden genug Zeit bekommen, um über diese Fragen nachzudenken und sie zu beantworten. Persönlich rate ich Ihnen, sich klarzumachen, daß wir alles wissen und daß von Ihrer Aufrichtigkeit sowohl Ihr wie auch Pasternaks Schicksal abhängt.«

Diese Sätze muß Iwinskaja im Kopf gehabt haben, als der Freund ihr über D'Angelos Besuch berichtete. Verständlicherweise geriet sie in Panik, und wahrscheinlich machte sie ihm gewaltige Vorhaltungen. Pasternak versuchte die Angelegenheit zunächst zu verharmlosen. Einerseits wiederholte er, was er bereits zur Beruhigung Sinaidas gesagt hatte: Das Manuskript sei nur zwecks Lektüre übergeben worden. Außerdem befinde sich das Manuskript doch bei völlig legalen sowjetischen Verlagen, die »theoretisch« die Möglichkeit hätten, das Buch zu veröffentlichen und damit das Spiel des Klassenfeinds zu vereiteln.

Als die Beschwichtigungsversuche nicht halfen, gab der von zwei Frauen gleichzeitig eingeschüchterte Pasternak nach: »Also tu, was du für richtig hältst, Oljuscha. Wenn du meinst, daß es nötig ist, ruf diesen Italiener an. Sag ihm, daß ich nichts ohne deine Zustimmung unternehme. Wenn die Sache dich so aufregt, kannst du dem Italiener auch sagen, er soll dir das Manuskript wiedergeben.« Der zweite Teil der Instruktion schwächte jedoch den ersten ab: »Aber dann müssen wir wenigstens den Dummkopf spielen, ungefähr so: ›Sie wissen doch, wie Pasternak so ist, er hat also den Roman weggegeben. Aber was halten Sie selbst eigentlich von dem Text?‹« Scheinbar völlig nebulös war dann der Schlußsatz des Autors: »Es wäre sogar interessant, wenn du zuvor erst noch das Terrain sondieren könntest, welche Resonanz die Sache auslösen würde.«

In dieser Situation erhält die Beziehung Pasternaks zu den beiden Frauen sowie deren Funktion in seinem Leben recht klare Umrisse. Sinaida organisierte die Bedingungen für sein Schreiben, lieferte den Rahmen für seine Gastfreundschaft, kümmerte sich um die Familie, nahm ihm alle lebenspraktischen Dinge ab – ganz die Gattin des großen Schriftstellers. Aber sie »betreute« sein Werk nicht, und in dieser Hinsicht war er genauso hilflos, was praktische Belange anging, wie in allen anderen Lebensbereichen. Bei der Fachfrau Olga Iwinskaja hingegen waren alle Angelegenheiten, die mit Publikation oder überhaupt mit seinem Werk zu tun hatten, in besten Händen. In beiden Beziehungen ging es also letztlich immer um die Bedingungen des Schreibens und das Streben nach Unsterblichkeit. Die Konstellation erinnert in vielem an die Frauen des Bertolt Brecht. Mit einem Unterschied: Olga Iwinskaja diente nicht nur als Privatsekretärin und Geliebte des Dichters, sondern auch als Muse und als Modell für Lara, der Heldin des *Doktor Schiwago*.

Traurig und absurd zugleich wirken daher Sinaidas Versuche, Olga Iwinskajas Rolle als Muse zu bestreiten. Obwohl die Gestalt der Lara aus mehreren Vorbildern geschaffen wurde (unter ihnen sei die legendäre, frühzeitig verstorbene Revolutionärin Larissa Reissner erwähnt, die die Phantasie vieler Zeitgenossen bewegt hat), ist hier des Dichters Zeugenaussage entscheidend. Und Pasternak hat mehrfach und unmißverständlich auf den Zusammenhang hingewiesen. Eher aus Gerechtigkeitsgefühl gebe ich deshalb eine vom Jewgeni Pasternak festgehaltene Episode wieder: »Papa hat seine ›Doppelexistenz‹ überall an die große Glocke gehängt, und bezeichnete Olga als Lara seines Romans. Als Mutter einmal auf diese Worte in einer Veröffentlichung stieß, die einige Wohltäter ihr zukommen ließen, sagte sie: ›Wieso denn, Borja, du hast mir gegenüber immer behauptet, Lara sei ich.‹ (…) Papa antwortete daraufhin, bereits auf der Treppe, unterwegs in sein Arbeitszimmer, da er kein langes Gespräch führen wollte, in aller Ruhe: ›Nun, wenn es dir schmeichelt, mein Liebchen, dann kannst du, um Gottes Willen, Lara sein.‹«

Iwinskaja wurde also beauftragt, das Manuskript zurückzuholen und gleichzeitig das Angebot an D'Angelo offen zu lassen. Vor allem aber sollte sie die Reaktion der Partei auf die Übergabe oder Rücknahme des Manuskripts in Erfahrung bringen. Dieser Auftrag enthielt in seiner Ausführlichkeit eine kaum wahrnehmbare Verschiebung der Ebenen.

Olga Iwinskaja brach daraufhin zu einer regelrechten Rundreise auf, in der besten Absicht, das Geschehene rückgängig zu machen. Von diesem Augenblick an waren sowohl ihre Motive als auch ihre Handlungsweise von denjenigen Pasternaks grundverschieden. Sie rang um die schwer erkämpfte Idylle von Ismalkowo und wurde dabei von ihrem Lagerinstinkt getrieben: Wenn der Roman im Ausland erschien, würde sie wahrscheinlich wieder verhaftet. Also war sie gezwungen, dieses Ereignis, egal mit welchen Mitteln, zu verhindern.

Pasternak hingegen wünschte sich nichts so sehnlich wie die Veröffentlichung des *Doktor Schiwago* im westlichen Ausland. Er betrachtete den Roman, wie bereits zitiert, als Höhepunkt seiner literarischen Laufbahn, und diese Laufbahn war für ihn wichtiger als sein Leben. Mit sechsundsechzig Jahren und nach dem ersten Herzinfarkt hatte er den Tod als unmittelbare Perspektive vor Augen, und seine Hoffnung richtete sich auf die Zeit danach. Ruhm – und wenn schon nicht Ruhm, dann wenigstens Aufsehen oder gar Spektakel – erschien ihm als Vorschuß, den alle Sterblichen von ihrem Leben im Jenseits haben möchten.

Das einzig gravierende Problem für ihn war Olga Iwinskajas Zukunft. Dieses versuchte er zu lösen, indem er seiner Lebensgefährtin die Chance einräumte, die »illegale« Publikation des Romans zu blockieren, um sich dadurch in den Augen der Behörden reinzuwaschen und gleichzeitig Druck auf die sowjetischen Kulturpolitiker auszuüben – eine Brechtsche List mit Dostojewskischem Hintergrund.

Der gewohnte Spaziergang im Wald fiel aus, und Olga Iwinskaja nahm ein Taxi und fuhr, in ihrer Aktentasche das Manuskript, nach Moskau. Dort ging sie aber nicht zu D'Angelo, sondern zum Lektor des Staatsverlags für Literatur, Nikolai Bannikow. Bei diesem Literaturhistoriker lag der halbfertige Gedichtband Pasternaks, der erste nach zwanzig Jahre langem Publikationsverbot. Das Manuskript des Staatsverlags enthielt zwei »Rosinen«: die ausführliche Autobiographie des Autors sowie einige neue Gedichte unter dem exotisch klingenden Pseudonym »Juri Schiwago«. Daß dieser Zyklus mit einem Roman verbunden war, ahnten nur die Leser der Aprilnummer der Moskauer Zeitschrift *Snamja* von 1954 sowie die Hörer des Moskauer Radios, außerdem natürlich die Teilnehmer von den Lesungen in Privatwohnungen.

Bannikow hatte über den Roman Bescheid gewußt, und über die Tatsache des »Weggebens« war er schockiert: »Was, um Gottes willen, hat er angestellt!« soll er Iwinskaja gegenüber ausgerufen haben, »wir befinden uns doch in einer Zeit, in der der Roman letztendlich veröffentlicht werden könnte ...«

Mit dem nächsten Taxi fuhr Olga Iwinskaja zu einer gewissen Witaschewskaja, ebenfalls Lektorin beim Staatsverlag. Dieser teilte sie mit, was sie eigentlich D'Angelo übermitteln sollte – daß »Boris Leonidowitsch etwas angerichtet« habe: »Es kamen Italiener, es fiel ihm ein, den Roman wegzugeben, und er gab ihn auch weg.« Ob diese ominöse Witaschewskaja, die in Olgas Erinnerungen nicht einmal einen Vornamen hat, von ihr jedoch später verdächtigt wurde, für den KGB zu arbeiten, wirklich Agentin dieser Behörde war, ist uns nicht bekannt. Tatsache ist jedoch, daß sie um das Manuskript bat, um dieses »einer hochrangigen Person« zeigen zu können, und Olga Iwinskaja erfüllte ihre Bitte.

Am späten Abend traf sie zu Hause in der Potapow-Gasse ein, wo ihr die Pförtnerin einen Brief von Bannikow überreichte. Dem Lektor war offenbar daran gelegen, sich von Pasternak schnell und entschieden abzugrenzen: »Wie kann man das eigene Land so wenig lieben; man kann doch mit ihm streiten, aber das, was er getan hat, ist Verrat. Wieso begreift er nicht, wozu das alles führt, für ihn selbst und für uns ...« Dieser Satz war gewissermaßen, möglicherweise sogar gegen den Willen seines Verfassers, das Finale einer Kampagne, die erst zwei Jahre später beginnen sollte.

Der Besuch bei D'Angelo erfolgte erst an einem der nächsten Tage und blieb selbstverständlich erfolglos. Der Italiener war viel zu geschickt, um das erste große Geschäft seines Lebens sausen zu lassen. Er habe, sagte er, leider das Manuskript bereits außer Landes gebracht, und Feltrinelli lasse den Text gerade lesen. Was der

Verleger über das Buch wisse, gefalle ihm sehr, und er werde den Roman unbedingt veröffentlichen, »egal, was es ihn kostet«.

Von D'Angelo führte Iwinskajas Weg zum Chefredakteur der *Snamja*, Wadim Koshewnikow. Dieser hatte den Roman gelesen und schickte die Frau, die er bereits vom gemeinsamen Studium am Gorki-Literaturinstitut kannte, direkt zu Dmitri Polikarpow, der im Zentralkomitee der KPdSU für Literatur zuständig war. Offensichtlich hatte er Olga Iwinskajas Besuch dort angekündigt, denn sie wurde im Sitz des Zentralkomitees am Alten Platz, wo gewöhnliche Sterbliche monatelange Wartezeiten brauchten, unverzüglich empfangen.

Polikarpow sprach mit Iwinskaja und schickte sie wieder zu D'Angelo, von dem sie das Manuskript mit Nachdruck zurückverlangen sollte. Dieser lehnte erneut ab, und Polikarpow schaltete nun Anatoli Kotow ein, den Direktor des Literaturverlags, der alles Mögliche versprach, um die Westveröffentlichung zu verhindern – außer der zensurfreien Ausgabe des Romans in der Heimat, ein Privileg, das in der Sowjetunion niemand einem Schriftsteller garantieren konnte.

Langsam verhärteten sich die Fronten, und Olga Iwinskaja geriet dazwischen.

Woran der Lektor Bannikow glauben wollte, »eine Zeit, in der der Roman letztendlich herausgebracht werden könnte«, diese Zeit war schon bald wieder vorbei. Im Nachbarland Ungarn intervenierte die Rote Armee, um einen Volksaufstand zu unterdrücken, an dessen Vorbereitung einige Schriftsteller maßgeblich beteiligt gewesen waren – kein gutes Zeichen für einen kritischen Autor im eigenen Land.

7

Die Parteiführung unternahm alles, um die bevorstehende Veröffentlichung des Romans zu verhindern. Zuerst versuchte man, Pasternak einzuwickeln: Sein Buch würde, wie und wann auch immer, in der Sowjetunion erscheinen. Der Staatsverlag schrieb sogar an Feltrinelli mit der Bitte, er solle die Herausgabe des Buches auf September 1957 verschieben, damit die sowjetische und die westliche Veröffentlichung zeitlich koordiniert werden könnten. Das waren rein taktische Manöver. Nicht für einen Augenblick bestand die Absicht, den Roman *Doktor Schiwago* dem russischen Leser zuzumuten. Es ging vielmehr darum, Zeit zu gewinnen.

Die Apparatschiks schreckten vor keiner Infamie zurück. Aus den Erinnerungen des Sohnes Jewgeni wissen wir beispielsweise, daß am Vorabend der Veröffentlichung des *Doktor Schiwago* in Großbritannien dem Dichter ein typisch sowjetisches Angebot gemacht worden war. Er sollte – so schlug ihm der Chefredakteur der Zeitschrift *Oktober*, Panfjorow vor – auf Staatskosten nach Baku reisen, um eine Reportage über das Leben der sowjetischen Erdölarbeiter zu schreiben und damit den schlechten Eindruck des Romans in den Augen der Partei und des werktätigen Volkes abzuschwächen. Diese Art von »Bewährung in der Produktion« – eine allgemeine Praxis der dreißiger bis fünfziger Jahre für in »Ungnade« gefallene Autoren – wollte der erwähnte Redakteur versüßen, indem er Pasternak Olga Iwinskaja als Mitreisende empfahl. Selbstverständlich fand die Reise nicht statt, und ich glaube auch nicht, daß der Vorschlag ernst und nicht nur als Sondierung gemeint war. Panfjorow selbst reiste sehr bald darauf weg, nicht jedoch zu den ruhmreichen Erdölarbeitern in Aserbeidschan, sondern nach Oxford, um dort Pasternaks Schwester Lida zu veranlassen das Erscheinen des *Doktor Schiwago* bei Collins zu verhindern.

Nach der ersten Vorankündigung des Romans in Mailand schritten die Apparatschiks zu Verzweiflungstaten. Sie schickten Alexej Surkow, den Sekretär des Schriftstellerverbands, nach Rom, wo er im Namen des Politbüros den italienischen KP-Chef Palmiro Togliatti bitten sollte, seinen Genossen Feltrinelli von der Idee dieses antikommunistischen Buches endgültig abzubringen. Togliatti bat den Verleger zu sich, und dieser trat aus Protest gegen die Maßregelung aus der Partei aus, direkt gefolgt von D'Angelo.

Als der Zeitpunkt der geplanten Veröffentlichung näherrückte, wuchs der Druck auf Pasternak. Mitte August wurde eine Geheimsitzung des Schriftstellerverbandes einberufen mit dem Ziel, »die gesunden ideologischen Kräfte« gegen Pasternak zu mobilisieren. Auch er selbst wurde eingeladen, hatte jedoch keine Lust, zu dieser inquisitorischen Sitzung zu erscheinen. Olga Iwinskaja sowie ein befreundeter Redakteur, Anatoli Starostin, nahmen statt seiner teil. Zwischen Iwinskaja und Surkow fand ein gereiztes Vorgespräch statt. Der Erste Sekretär des Schriftstellerverbandes rügte die Frau, sie hätte als »Schutzengel« Pasternak von dem verhängnisvollen Schritt zurückhalten müssen. Was in der darauffolgenden Sitzung geschah, schilderte Pasternak in einem Brief vom 21. August 1957 an Nina Tabidse in Tiflis:

»Wie immer hat die ersten Schläge Olga Wsewolodowna auf sich genommen. Es gab ein Plenum mit der Atmosphäre des Jahres 1937, mit wütendem Geschrei, wonach dieses Phänomen beispiellos sei, mit Forderungen nach Abrechnung mit mir, bei dem Olga Wsewolodowna und Anatoli Starostin anwesend waren und völlig erschrocken zurückkehrten ...«

Nun glaubten die Genossen, Pasternak sei endgültig weichge-
klopft. Einige Tage später wurden er und Olga Iwinskaja vom Po-
litfunktionär Polikarpow empfangen. Dieser forderte, der Schriftsteller möge dem Verleger Feltrinelli in einem Telegramm die
Weisung erteilen, den Druck des *Doktor Schiwago* unverzüglich zu
stoppen. Der Dichter gab dieser Forderung nach, und die Depe-
sche wurde abgeschickt.

In einem Brief an ihre Tochter, die zu dieser Zeit gerade in
Suchumi am Schwarzen Meer Urlaub machte, verbuchte Iwinskaja das telegraphische Zugeständnis Pasternaks als ihren eigenen
Erfolg. »Das Gewitter braute sich bereits an dem Tag zusammen,
an dem Du abgereist bist, und nur meine Diplomatie, von der Du
nichts hältst, hat dem Gewitter einigermaßen vorgebeugt.« Sie
erzählte noch, wie sie im ZK-Gebäude Beruhigungsmittel und
Kampferspritzen gegen Herzbeschwerden bereithielt. Offensichtlich folgte auf diesen Besuch ein heftiger Streit zwischen ihr und
Pasternak über die künftige Taktik, der aber bald mit Wodka neu-
tralisiert wurde.

Die Partei schien jeden Anlaß zur Freude zu haben – allerdings
wußten die Genossen und ihre Geheimpolizei etwas sehr Wesent-
liches nicht. Zwischen Pasternak und dem Italiener gab es eine
geheime Vereinbarung, daß Feltrinelli ausschließlich Briefe und
Postsendungen ernst nehmen sollte, die in französischer Sprache
verfaßt waren. Pasternaks Protestdepesche war jedoch auf russisch
geschrieben.

Anläßlich einer Pressekonferenz in Rom sagte im Oktober
1957 ein resignierter Surkow: »Der Kalte Krieg greift über auf die
Literatur. Wenn der Westen dies als Freiheit der Kunst betrachtet,
dann muß ich sagen, daß wir anderer Auffassung sind.«

Spätestens an diesem Tag war für alle Beteiligten klar, daß der

Triumphzug des *Doktor Schiwago* nicht mehr aufzuhalten war. Er erschien 1957 in italienischer Sprache, 1958 auf deutsch. 1959 erschien er auf russisch in den USA. Erst 1988 konnte er in der Sowjetunion erscheinen.

VIERTES KAPITEL

Die Nobelpreisaffäre

1

»Ich befürchte, dieser Klatsch könnte früher wahr werden, als mir lieb sein kann«, schrieb, wie bereits zitiert, Pasternak an seine Cousine Olga Freudenberg am 12. November 1954. »Obgleich ja diese Preisverleihung automatisch eine Reise zur Entgegennahme des Preises nach sich zöge, ein Hinausfliegen in die große weite Welt, einen Meinungsaustausch – aber auch da wäre ich wieder nicht imstande, die Reise als Marionette zu machen, wie so üblich, müßte jedoch Rücksicht nehmen auf die Meinen, den unvollendeten Roman, was ergäbe das für eine Zuspitzung der Lage!« Und er fügte hinzu: »Eine wahrhaft babylonische Gefangenschaft! (…) Auf eines bin ich stolz: Keine Minute lang hat dies alles den Tagesablauf meines schlichten, anonymen, niemandem bekannten Arbeitslebens gestört. Wirklich, mein Leben hat einen Schutzengel. Das ist die Hauptsache. Er sei gepriesen.«

Die Gefahr, den Nobelpreis zu bekommen, ohne den dazugehörigen Roman schon fertig geschrieben und abgeliefert zu haben, war nun gebannt. Die Jury konnte ein bereits bekanntes Buch auszeichnen.

Pasternak erhielt das Telegramm der Schwedischen Akademie am Donnerstag, dem 23. Oktober 1958, wahrscheinlich in den

frühen Vormittagsstunden. Olga Iwinskaja im benachbarten Ismalkowo wurde einige Stunden später über das Ereignis informiert. Ihrer Erinnerung zufolge sagte Pasternak: »Oljuscha, stell
dir vor, nun habe ich diesen Preis bekommen und muß mich sofort mit dir beraten. Fedin (Vorstandsmitglied des Schriftstellerverbandes und Datschennachbar Pasternaks, G.D.) wartet auf
mich, anscheinend ist Polikarpow bei ihm. Was, glaubst du, muß
ich ihm sagen – daß ich mich vom Roman distanziere?«

Dieser Frage, die sich später als völlig obsolet herausstellen sollte,
war einiges vorausgegangen. Zu dem Zeitpunkt, als das Telegramm Pasternak überbracht wurde, war seine Ehefrau Sinaida
nicht anwesend. Sie war zum Einkaufen für die Feier ihres Na-
menstags nach Moskau gefahren. Über die Entscheidung des No-
belpreiskomitees war sie bereits informiert: Der Schriftsteller
Wselowolod Iwanow, Besitzer eines Telefons in seiner Datscha,
hatte einen entsprechenden Anruf aus Moskau erhalten und war
stehenden Fußes mit seiner ganzen Sippschaft aufgebrochen, um
den Kollegen zu besuchen und zu feiern. Sinaida war mit Sicherheit nicht überrascht, sondern nur erschrocken: »Ich hatte das
Vorgefühl, daß diese Geschichte das Ende für ihn sein wird. (...)
Ich habe mit meinem ganzen Wesen begriffen, daß hier Schlamm
aufgewühlt wird und daß um diese Angelegenheit jetzt der Kalte
Krieg beginnt. Hier wird er verprügelt, und drüben mißbrauchen
sie ihn für ihre eigenen Interessen.«
Offensichtlich war es Pasternak zunächst gelungen, die pani-
schen Ängste seiner Frau zu zerstreuen. Zumindest notierte Kornej Tschukowski, einer der wenigen Gratulanten, in seinem Tagebuch: »Sinaida Nikolajewna überlegte, (...) in welcher Kleidung
sie mit Borja nach Stockholm reisen sollte, um den Nobelpreis in

Empfang zu nehmen.« Besorgt fragte sie Tschukowski: »Kornej Iwanowitsch, was denken Sie – ob die mich reisen lassen? Schließlich muß man ihn gemeinsam mit der Ehefrau einladen.« An eine solche Reise mit der Gattin dachte Pasternak, wie wir von der Enkelin Kornej Tschukowskis wissen, übrigens definitiv nicht.

Bei diesem Gespräch waren neben den Gratulanten und Familienmitgliedern bereits Westjournalisten mit ihren Fotoapparaten anwesend. Die Stimmung schwankte zwischen Euphorie und Angst. Der nüchterne Tschukowski schreibt: »Mir war klar, daß man ihm keine Gnade gewähren wird, daß man ihm eine staatsbürgerliche Hinrichtung zuteil werden läßt, daß man ihn zu Tode trampelt wie seinerzeit Soschtschenko, Mandelstam, Sabolotzki …« Um der Katastrophe vorzubeugen, schlug er Pasternak vor, mit ihm zu einigen Spitzenfunktionären zu gehen, damit sich der Dichter von der Art und Weise, wie seine Auszeichnung im Westen ausgeschlachtet wurde, distanzieren konnte. Aber Pasternak lehnte dieses Ansinnen strikt ab. Zu dieser Zeit war er davon überzeugt, wie er es in einem Brief mitteilte, daß der *Doktor Schiwago* demnächst »den Platz nächst der Bibel« einnehmen würde.

Die Kulturpolitiker kamen ohnehin von allein ins Haus. Gegen Mittag erschien bei den Pasternaks Konstantin Fedin, aber nicht, wie erwartet, um den Namenstag von Sinaida mitzufeiern. Er wollte Pasternak sprechen. Ihr aufgeregter Dialog im Arbeitszimmer des Dichters blieb jedoch ergebnislos. Pasternak dachte gar nicht daran, Fedins direkte Forderung, den Verzicht auf den Nobelpreis, zu erfüllen. Dabei kam der Nachbar keineswegs in privater Mission. In seinem Sommerhaus nebenan wartete bereits der Spitzenfunktionär Polikarpow auf Pasternaks Besuch und auf das entsprechende Bekenntnis zum Verzicht. Erst mit diesem Ergebnis wollte er nach Moskau zurückkehren.

Die Parteispitze hatte bereits seit einem Jahr machtlos dem Triumphzug des *Doktor Schiwago* zugesehen. Der Leiter der internationalen Abteilung des Schriftstellerverbands, Boris Polewoi, informierte bereits Mitte September in einem Bericht an das Zentralkomitee über die bevorstehende Preisverleihung. Am 10. Oktober schlug die Kulturabteilung des ZK in einem Geheimdossier vor, eine innersowjetische Propagandakampagne gegen den Laureaten zu starten, falls es zu der Auszeichnung kommen sollte. Am 21. Oktober erkannte die Partei in den beiden parteilosen Literaten Iwanow und Fedin die Personen, die am besten geeignet wären, auf Pasternak einen mäßigenden Einfluß auszuüben. Wie wir heute wissen, konnte Fedin und wollte Iwanow diesen Auftrag nicht erfüllen.

Als der frischgebackene Nobelpreisträger über die Holzbrücke zu seiner Geliebten unterwegs war, erörterten die führenden Kader der Partei die Frage, was in diesem äußerst komplizierten Fall die richtige Verfahrensweise sein könnte. Wenn die internationale Anerkennung für einen aus sowjetischer Sicht illegal veröffentlichten Text nicht geahndet würde, dann wäre damit ein gefährlicher Präzedenzfall geschaffen. Jeder Autor, der mit der heimischen Zensur Schwierigkeiten hatte, konnte folglich ab sofort seine Manuskripte mit Hilfe irgendeines Korrespondenten aus dem Land schaffen und dabei auf Straffreiheit hoffen.

Andererseits kam ein Prozeß gegen den achtundsechzigjährigen Pasternak nicht in Frage. Die Enthüllungen über Stalins Verbrechen auf dem XX. Parteitag der KPdSU waren noch in frischer Erinnerung. So entschied man sich für Schadensbegrenzung als taktisches Ziel und betrachtete eine Rufmordkampagne als geeignetes Mittel. Der Dichter sollte sich »freiwillig« vom eigenen Ruhm distanzieren.

Rein formal konnte Pasternak so tun, als sei er gekommen, um Olgas Rat zu erbitten. In Wirklichkeit brauchte er diesen Rat nicht mehr. Unterwegs hatte er bereits vom Postamt Peredelkino aus ein Telegramm nach Stockholm aufgegeben: »Unendlich dankbar, bewegt, stolz, überrascht, verwirrt.« Das war auch bei früheren Gelegenheiten schon so gewesen: Er traf eine Entscheidung und ließ sich erst anschließend beraten. Vielleicht fürchtete er sich vor einem später erzwungenen Zugeständnis, das er durch diese Bitte um Rat prophylaktisch abschwächen wollte.

Die Kulturpolitik schlug sofort zu. Am Samstag, dem 25. Oktober, brachte die großformatige Wochenschrift *Literaturnaja Gaseta* zwei volle Seiten mit Schimpfkanonaden gegen Pasternak. Der Roman wurde als ein »erbärmliches, unnützes, niederträchtiges Machwerk« bezeichnet, der Autor als »geifernder Literatursnob«. Einen Tag später schrieb die *Prawda*: »Pasternak bestätigt mit seinem ganzen Geschreibsel, daß er in unserem vom Aufbaupathos einer lichten kommunistischen Zukunft erfüllten Land nichts anderes ist als Unkraut.« Im weiteren wurde er in diesem Artikel des offenen Vaterlandsverrats bezichtigt.

Die Studenten des Literaturinstituts – übrigens Kommilitonen von Iwinskajas Tochter Irina – organisierten eine Kundgebung vor dem Haus des Schriftstellerverbands. Sie forderten die Ausbürgerung des Autors. Auf einem der Plakate war eine Karikatur, die Pasternak darstellte, wie er, so Iwinskajas Erinnerung, »mit gierig gekrümmten Fingern nach einem prall gefüllten Dollarsack grapscht«. Die Aufschrift »Judas raus aus der Sowjetunion« erinnert an die berüchtigte Kampagne gegen die »vaterlandslosen Kosmopoliten« in den späten vierziger Jahren. Die Demonstration selbst konnte nur mit Billigung, wenn nicht auf direkte Aufforderung des KGB hin stattfinden.

Am Montag, dem 27. Oktober, wurden die Spitzengremien des Schriftstellerverbands der Allunion und des Schriftstellerverbands der Russischen Föderation für zwölf Uhr zu einer Sitzung einbestellt. Boris Pasternak wurde vorgeladen. Er fuhr am Morgen von Peredelkino nach Moskau, um sich mit Olga zu beraten. Der in deren Wohnung anwesende Wjatscheslaw Iwanow – Sohn des berühmten Schriftstellerkollegen Wsewolod Iwanow – riet ihm von der Beteiligung »an der eigenen Hinrichtung« ab. Statt dessen nahm er ein Thesenpapier des Dichters mit zu der Sitzung, das möglicherweise nur geeignet war, Öl ins Feuer zu gießen. Pasternak begründete darin sein Fernbleiben mit seinem verschlechterten Gesundheitszustand. Daraufhin schickte der Literaturfonds postwendend eine Ärztin nach Peredelkino. Man wußte jedoch sehr wohl, daß es sich hier um eine politische Krankheit handelte. Der Dichter erklärte in seinem Brief sehr deutlich, er denke gar nicht daran, den Nobelpreis abzulehnen. »Sie können mich erschießen, aus dem Lande jagen – es steht in Ihrer Macht«, hieß es in dem bewegenden Dokument. Sein einziges, durchaus würdevolles Zugeständnis bestand darin, daß er seine Bereitschaft verkündete, das Preisgeld dem Fonds des Weltfriedensrates zu überweisen.

Die Genossen fühlten sich von dieser großzügigen Geste geradezu provoziert und faßten wie gewohnt einen einstimmigen Beschluß: »In Anbetracht des politischen und moralischen Verfalls B. Pasternaks, seines Verrats am Sowjetvolk, an der Sache des Sozialismus, des Friedens und Fortschritts – eines Verrats, der im Interesse des Kalten Krieges mit dem Nobelpreis honoriert wurde –, spricht das Vorstandspräsidium des Schriftstellerverbands (...) B. Pasternak den Rang eines Sowjetschriftstellers ab und schließt ihn aus dem Schriftstellerverband der UdSSR aus.«

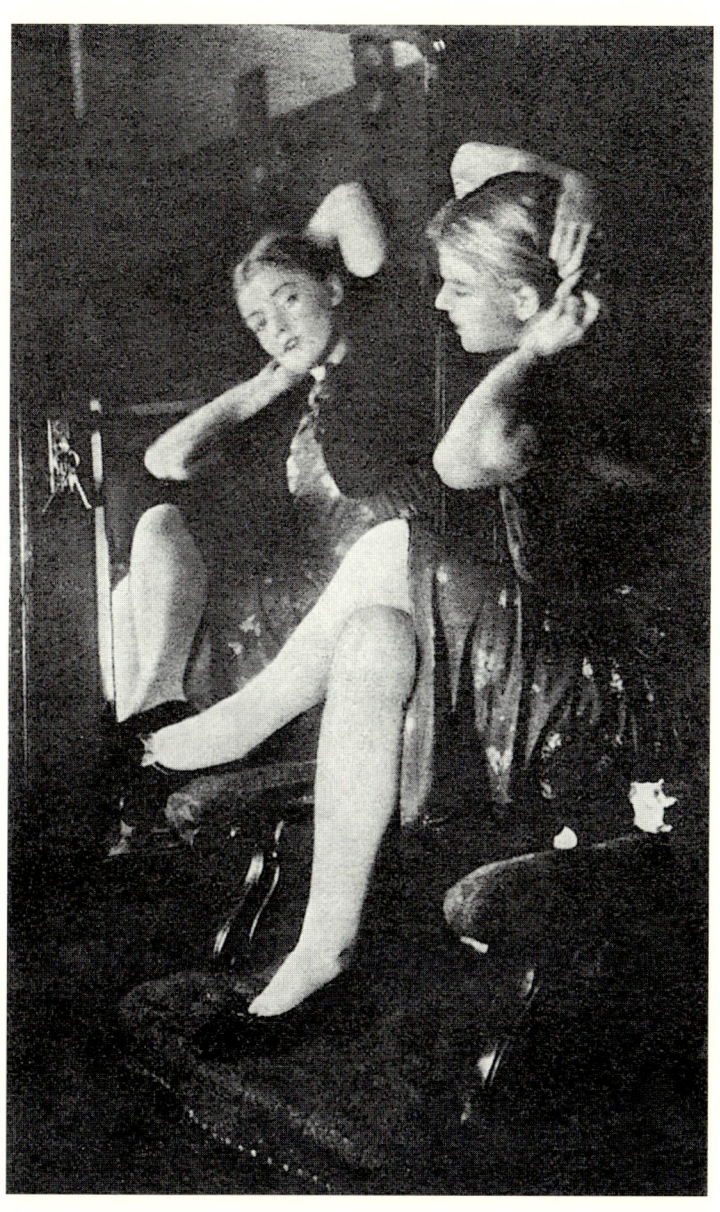

Olga Iwinskaja, 1939

Boris Pasternak, ca. 1936

Widmung für Olga Iwinskaja, 1947
»*Mein Leben, mein Engel, ich liebe Dich sehr. 4. April 1947.*
Das gilt ewig und unbefristet. Und wächst nur noch.«

Olga Iwinskaja und Boris Pasternak, 1958

Olga Iwinskaja, 1958

Boris Pasternak erfährt auf seiner Datscha
in Peredelkino, daß er den Literaturnobelpreis erhalten soll,
Oktober 1958

»Daily Mail«, 11. Februar 1959.
Abdruck des Gedichts »Nobelpreis«. Pasternak hatte das im Januar
entstandene Gedicht dem britischen Journalisten Anthony Brown bei
dessen Besuch in Peredelkino übergeben. In der gleichen Ausgabe
erschien auch ein Interview mit Pasternak, das seine Vorladung vor
den Staatsanwalt Rudenko bewirkte.

Boris Pasternak in Peredelkino, 1959

*Pasternak mit Olga Iwinskaja und deren Tochter Irina,
Herbst 1959*

Renate Schweitzer (2. v. links), Sylt 1958

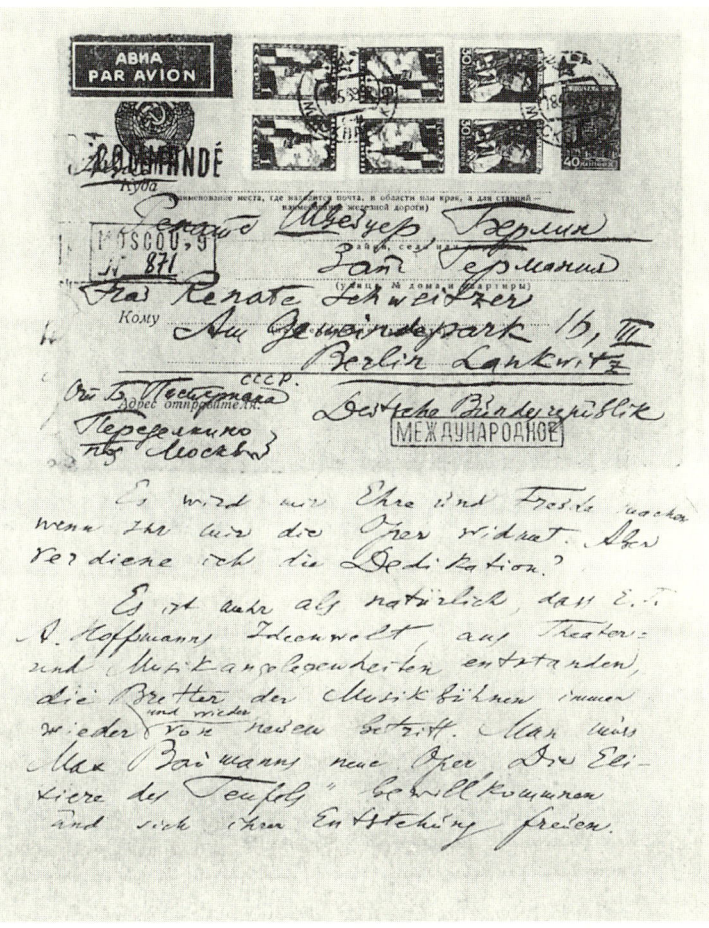

Auszug aus einem Brief von Pasternak an Renate Schweitzer,
14. Mai 1959

Pasternak und Olga Iwinskaja, 1960

Olga Iwinskaja, 1960

Beisetzung Pasternaks auf dem Friedhof in Peredelkino.
Am Grab (rechts): Sinaida Pasternak mit ihren beiden Söhnen,
(links, weinend) Olga Iwinskaja. Neben ihr ihre Tochter Irina,
dahinter (mit Sonnenbrille) Heinz Schewe.

Olga Iwinskaja, November 1977

OBITUARIES

OLGA IVINSKAYA

Olga Ivinskaya, former mistress
of Boris Pasternak, died in
Moscow on September 8 aged 83.
She was born in Kursk in 1912.

FROM soon after the moment she saw him at the offices of *Novy Mir* in 1946 until his death in 1960 Olga Ivinskaya was the mistress, prop and stay, and amanuensis of the author of *Dr Zhivago*. Though she sometimes liked to deny it, she is also popularly supposed to have been the inspiration for the novel's heroine, Lara, the mistress of Zhivago himself. She thus became the real-life embodiment of a fictional character that was, when she met Pasternak, already taking shape in the author's mind.

She was to pay for her association with her famous lover most cruelly, enduring privations that rivalled those of her fictional double. She was twice arrested, once during Pasternak's lifetime and once after his death, and sentenced to terms of imprisonment with hard labour. On the first occasion, after a fortnight of round-the-clock interrogation, she suffered the agonies of a miscarriage on the floor of her stone-cold cell in Moscow's notorious Lubianka jail.

It was not an environment in which sympathy was to be expected. Barely recovered, Ivinskaya was sent to a labour camp in Mordovia for four years. There, like the other inmates, she tilled the hard-baked earth under relentless suns in summertime, and performed heavy tasks outdoors in the biting frosts of the Russian winter. The second time she was deprived of her liberty was just after Pasternak's death: both she and her daughter Irina were sent to labour camps.

Olga Ivinskaya's family moved from Kursk to Moscow when she was a small child. She grew up in the city during the early, heady days of the socialist experiment and its accompanying artistic flowering. Literary expression had not yet been crushed by Zhdanov; writers like Zamyatin, Pilnyak and Bely were in full cry. As a teenager Ivinskaya was entranced by Pasternak, passionately declaiming his poetry at packed meetings.

She was herself of a strongly literary bent, and by the time she met her idol after the Second World War, had some reputation as a poet and translator. She had also been married twice and had two children.

At that time Pasternak was already sketching *Dr Zhivago* in his mind. When told she was an admirer, he presented her with several volumes of his verse. It did not take long for two such passionate natures to come to an accommodation. Ivinskaya took a dacha in the tiny hamlet of Peredelkino

The young Olga Ivinskaya, left, and, above, in
retirement in her Moscow apartment

outside Moscow, not far from that of Pasternak and his wife. There, the pair were granted a few, brief years of happiness, Pasternak dividing his time between his family and his work and mistress, and doing his best to ignore the reproaches his wife heaped on his head over his infidelity.

For her part, Ivinskaya was totally absorbed in her new life, enriched by her contact with genius, and glad that she was able to be of some service to it, as a copyist and translator. But her own mother took Mrs Pasternak's side, protesting bitterly at the infraction of domestic harmony caused by her daughter's liaison with the author.

As Stalin's paranoia increased throughout the 1940s, the authorities began to close in on Pasternak and those around him. In 1949 articles appeared in the Soviet press castigating his poetry as being "irreconcilable with the tenets of Socialist Realism". But in the end it was Ivinskaya and not Pasternak who was to suffer the immediate consequences of official displeasure. On several successive days, as they sat together on a public bench in Moscow reading new chapters from the developing *Dr Zhivago* in the limpid October air, Pasternak pointed out a leather-coated figure eyeing them from not far away.

There was no attempt to make the surveillance covert and the implication of such heavy-handedness was obvious. One evening, just after Ivinskaya had returned to her flat, a group of uniformed men broke the door down and arrested her. Pasternak's notes, some manuscript pages and his love letters to her were seized. She was bundled into a car and taken away to be incarcerated in Lubianka. The child she lost there as a result of her treatment was hers and Pasternak's.

After her release from the Mordovian labour camp following Stalin's death in 1953 she was able to resume her place at Pasternak's side. But the storm clouds were gathering more

densely around him, too, and their second honeymoon was a brief one.

The publication of *Dr Zhivago* in the West in 1957 infuriated the Soviet authorities, who poured a stream of vituperative abuse upon him from the columns of every official organ at their disposal. Under this relentless pressure, Pasternak tried to temporise, rejecting the 1958 Nobel prize he had been awarded and going so far as to sign letters of "recantation" to *Pravda* and Khrushchev. At one point, in a fit of hysterics, he appeared at Ivinskaya's dacha brandishing a bottle of Nembutal tablets and suggesting a suicide pact.

His sufferings were soon to be over. With health undermined by the intense persecution he had sustained over the previous ten years, he died in 1960, reviled as a traitor to the Soviet people by the Writers Union. Fresh torments were to await her. Pasternak was scarcely cold in the earth before she was arrested again. In a particularly nasty gesture of spite, her daughter Irina was arrested with her. She had done nothing to which objection could be taken, but she was about to marry a Frenchman. A second generation of the Ivinskaya family was soon to enact the

cruel separation endured by Lara and Zhivago.

Irina was sentenced to three years hard labour, her mother to eight. In the event, the daughter was released after two years, her mother in 1964. Ivinskaya emerged from incarceration to find that letters and manuscripts, including a complete one of *Dr Zhivago*, had been taken from her flat and deposited in state archives in her absence. Full rehabilitation was a long time coming, too. It was only in 1988 that the last vestiges of state displeasure were finally withdrawn.

By that time she was 76 and it did not much matter to her. In spite of her privations, and the wrangles that developed with Pasternak's own children and grandchildren, over who was entitled to his literary remains, she never succumbed to bitterness. As her autobiography *A Captive of Time* (1978) so clearly showed, the snatched trysts with Pasternak at dawn or dusk, in the winding lanes round Peredelkino, outweighed in her memory all the mental and physical torments that the machinery of state persecution could visit on her.

She is survived by a daughter and a son from her two marriages.

In diesem Augenblick trat Olga Iwinskaja aktiv in die Geschehnisse ein.

2

Einen Tag nach der Bekanntmachung seiner mutigen Thesen und dem darauffolgenden Ausschluß aus dem Schriftstellerverband schickte Pasternak ein Telegramm an Anders Oesterling beim Nobelpreiskomitee in Stockholm: »Mit Rücksicht auf die Bedeutung, die in der Gesellschaft, der ich angehöre, dieser Auszeichnung beigemessen wird, muß ich auf den mir zugedachten unverdienten Preis verzichten. Ich bitte Sie, meinen freiwilligen Verzicht nicht für eine Unhöflichkeit zu halten.« Gleichzeitig teilte er diese Entscheidung dem Zentralkomitee in einem Telegramm mit: »Ich habe auf den Nobelpreis verzichtet. Geben Sie Olga Iwinskaja wieder Arbeitsaufträge im Staatsverlag.«

Nach Jewgeni Pasternaks Erinnerung ging diesem dramatischen Schritt ein sehr gereiztes Telefongespräch zwischen dem Dichter und seiner Muse voraus. Olga Iwinskaja erhielt am selben Tag die Ablehnung einer bereits in Aussicht gestellten Übersetzungsarbeit. »Dir wird ja nichts passieren«, soll sie zu Pasternak gesagt haben, »für mich aber wird niemand die Kohlen aus dem Feuer holen.«

War dies sein tatsächlicher und vor allem einziger Grund dafür, seine Haltung binnen 24 Stunden so radikal zu verändern? Diese Frage läßt sich nur teilweise beantworten. Wir wissen, daß er die Nachricht von der Exkommunikation erst am nächsten Morgen von Lidija Tschukowskaja in Peredelkino erfuhr. Im Gespräch mit ihr äußerte er die Sorge, der Hinauswurf könne vor allem seinen Söhnen Schwierigkeiten verursachen. Es sei auch möglich, daß der Familie die staatliche Datscha in Peredelkino, das Herzstück von Pasternaks Lebensweise, weggenommen würde. Iwinskaja kam in diesem Gespräch nicht vor.

Am Vormittag des 28. Oktober – in Moskau und Umgebung tobten Schneestürme – stellte Pasternak seine Geliebte wieder einmal vor vollendete Tatsachen. Er las ihr die beiden Telegramme vor und ging dann verrichteter Dinge in seine Datscha zurück. Wenig später überquerte er wiederum die Holzbrücke, in der Jakkentasche 22 Tabletten des Schlafmittels Nembutal. Er schlug Olga Iwinskaja den gemeinsamen Freitod vor. Dabei diente ihm ein Literatenehepaar zum Vorbild, das sich unlängst in ähnlicher Weise das Leben genommen hatte.

Pasternaks Selbstmordabsicht war nicht einfach nur politisch gemeint, obwohl der internationale Eklat, der aus diesem Doppeltod hervorgegangen wäre, dem Außenbild des Regimes irreparablen Schaden zugefügt hätte. Die Ermordung von Mandelstam, Babel, Pilnjak und so vieler anderen Autoren in Stalins Lagern belastete das Regime moralisch weniger als das freiwillige Ausscheiden aus dem Leben seiner bedeutendsten Autoren wie Sergej Jessenin, Wladimir Majakowski oder zwei Jahre vor dem Ausbruch des Skandals um den Nobelpreis die Selbsterschießung von Alexander Fadejew, die sich ausgerechnet in der Schriftstellersiedlung Peredelkino ereignet hatte.

Gleichzeitig erhoffte Pasternak vermutlich von diesem freiwilligen Ausscheiden aus dem Leben eine Art Stornierung aller aus seiner langjährigen Doppelexistenz stammenden moralischen Schuld. Olgas Beteiligung an dem Suizid hätte die grausame Einsamkeit des Sterbens gemildert und Pasternak außerdem moralisch entlastet, weil er sich in diesem Fall über Olgas Zukunft keine Gedanken mehr machen mußte.

Olga reagierte auf den Vorschlag Pasternaks ähnlich wie ein Psychiater. Sie versicherte ihrem Freund, »im Prinzip« nichts gegen Selbstmord zu haben – sie wollte vor allem Zeit gewinnen. Sie versprach ihm, sein Schicksal in die Hand zu nehmen und gewisse, nicht näher konkretisierte Schritte einzuleiten. Von Pasternak verlangte sie nichts weiter als einen Tag Aufschub, den er ihr nach einigem Nachdenken gewährte. Dann ging er wieder zur großen Datscha, wo Sinaida Nikolajewna auf ihn wartete.

Konstantin Fedin, der alte, kranke Datschennachbar Pasternaks, war schockiert. »Heute um vier Uhr kam Olga Wsewolodowna weinend zu mir und sagte, Pasternak wolle Selbstmord begehen und habe sie gefragt, ob sie bereit sei, sich daran zu beteiligen. Sie habe zugesagt. Das Ziel ihres Besuchs sei die Klärung der Frage, ob Pasternak noch zu retten sei, und sie fragte, was ich ihr raten würde. Ich sagte daraufhin, daß dies eine Erpressung der Partei sei und daß niemand das Recht habe, andere unter Druck zu setzen. Als einziges riet ich ihr, ihn von seiner Absicht abzubringen. Olga Wsewolodowna sagte, sie sei nicht sicher, ob er noch zu retten sei. Sie sei bereit, an eine beliebige Person einen Brief zu schreiben und ihn zur Unterschrift zu bewegen. Ich sagte, ich wisse nicht, an wen man noch sich wenden könne.« So zu lesen in einer Akte aus dem Archiv des ZK der KPdSU.

Fedins einziger Vorschlag für Polikarpow war: Man müsse klären, ob es sich bei der Geschichte um ein aus taktischen Gründen inszeniertes Spektakel handle oder ob eine reale Selbstmordabsicht bestehe. Für alle Fälle fügte er seinem Brief Pasternaks Moskauer Rufnummer hinzu – eine ziemlich sinnlose Geste angesichts der Tatsache, daß der Betreffende seine Suizidpläne in einigen Metern Entfernung im Nachbarhaus schmiedete.

Offensichtlich empfand er selbst den Brief als unzureichend und rief bei Polikarpow persönlich an. Dieser setzte einen Gesprächstermin mit Olga Iwinskaja für den nächsten Nachmittag um drei Uhr im Klub der Schriftsteller in der Herzen-Gasse durch. Pasternak, der sich inzwischen wieder beruhigt hatte, holte Olga am Mittwoch, dem 29. Oktober, aus der Potapow-Gasse ab und begleitete sie zum Chef der Kulturabteilung des ZK. Er selbst nahm an dem Gespräch nicht teil.

Polikarpow begann das Gespräch mit einer moralischen Drohung: »Wenn Sie den Selbstmord Pasternaks zulassen«, sagte er zu der Frau, »dann machen Sie sich mitschuldig am zweiten Dolchstoß in den Rücken des Vaterlandes.« Unter dem ersten verstand der Funktionär offensichtlich die Westveröffentlichung des *Doktor Schiwago*. Es gab jedoch nicht nur Drohgebärden, sondern auch Ermunterndes: »Der ganze Skandal muß beigelegt werden, und wir werden ihn mit Ihrer Hilfe beilegen.« Auf Iwinskajas Frage nach der immer noch andauernden wütenden Pressekampagne antwortete Polikarpow mit einer matten Handbewegung: »Kümmern Sie sich nicht um blödes Geschrei.«

Obwohl Olga Iwinskaja bereits früher die Rolle des Mediums zwischen der Machtsphäre und Pasternak eingenommen hatte, erhielt sie jetzt einen regelrechten Auftrag und damit die quasi offizielle Anerkennung, daß sie nun für die Angelegenheiten des Boris Pasternak zuständig war. Polikarpow unternahm einen zweifellos geschickten Schachzug, indem er der ehemaligen Lagerinsassin die Entschärfung des Konflikts überantwortete.

3

»In relativ guter Stimmung raste ich nach Peredelkino. Ich unterhielt mich hervorragend mit Borja. Ich gab mir Mühe, die Unterredung mit dem Chef (wörtlich übersetzt ›Führer‹, G. D.) humorvoll nachzuerzählen«, erinnerte sich Olga. Danach »raste« sie – aller Wahrscheinlichkeit nach war in diesen Tagen das Taxi ihr einziges Verkehrsmittel – zurück nach Moskau, um zu schlafen und sich auf weitere anstrengende Gespräche mit dem »Chef« vorzubereiten. Kaum war sie in ihrer Wohnung in der Potapow-Gasse eingeschlafen, wurde sie von ihrem Sohn wieder geweckt. Das sowjetische Fernsehen brachte eine wichtige Sendung. Der Erste Sekretär des ZK des Jugendverbandes Komsomol, Wladimir Semitschastni, hielt eine Rede vor dem Plenum seiner Organisation.

Dieses ansonsten stocklangweilige protokollarische Ereignis enthielt jetzt ein sensationelles Moment: Semitschastni ging in einigen Sätzen auf die Affäre Pasternak ein. Sie verdienen es, im Wortlaut zitiert zu werden:

»Aber wie das russische Sprichwort sagt, gibt es manchmal auch in einer guten Herde ein räudiges Schaf. In unserer sozialistischen Gesellschaft haben wir in der Person Pasternak ein räudiges Schaf. Er hat dem Sowjetvolk ins Gesicht gespuckt. Manchmal sagen wir von einem Schwein – nebenbei bemerkt ganz zu Unrecht –, daß es sich in der bekannten Weise verhält. Ich muß Ihnen sagen, daß das eine Verleumdung des Schweins ist. Ein Schwein – und alle Menschen, die mit diesem Tier umgehen, kennen seine Eigenschaften – verunreinigt nie den Platz, an dem es frißt, besudelt nie seinen Schlafplatz. Vergleicht man also Pasternak mit einem Schwein, ergibt sich: Nicht einmal ein Schwein tut, was Pasternak getan hat (Applaus). Er hat den Platz besudelt, an dem er ißt, er hat die Menschen besudelt, durch deren Arbeit er lebt und atmet (Applaus).«

Semitschastni, der später einige Jahre lang den KGB leitete, hatte Pech. Er sollte noch die Zeiten der Perestroika erleben und von den sowjetischen Medien zur Rede gestellt werden. Auf die Frage, warum er damals diese Schweinerede gehalten habe, erwiderte er in einer für ausgediente Apparatschiks typischen Weise: »Was kann man machen – die Zeiten waren halt so ...«, als hätte er selbst mit diesen »Zeiten« nichts zu tun gehabt. Außerdem schob er, ebenfalls ein bekanntes Argumentationsmuster, jede Verantwortung seinem damaligen obersten Vorgesetzten zu, dem Parteichef Nikita Chruschtschow. Am Tage vor dem Plenum des Komsomol soll dieser ihm höchstpersönlich die oben zitierten Sätze diktiert haben.

Die Metaphorik – und dies soll keine Entschuldigung sein für Semitschastni oder die begeistert applaudierende »gute Herde« – mochte tatsächlich von Chruschtschow stammen. Dieser fühlte sich am ehesten in der Landwirtschaft heimisch und hatte eine Vorliebe für Schaf- und Schweinezucht sowie für Mais- und Weizenproduktion. Wichtig sind jedoch nicht so sehr die Schimpfworte eines primitiven Cholerikers, sondern eher die praktische Schlußfolgerung, die Semitschastni als »eigene Meinung« seinem Millionenpublikum unterbreitete:

»Warum eigentlich sollte dieser innere Emigrant nicht die kapitalistische Luft, nach der er sich so sehnt und über die er sich in seinem Werk ausgelassen hat, tatsächlich einatmen? (Applaus) Ich bin überzeugt davon, daß unsere Öffentlichkeit dies begrüßen würde. (Applaus) Soll er sich doch in einen tatsächlichen Emigranten verwandeln und in das kapitalistische Paradies begeben.

Ich bin überzeugt davon, daß unsere Öffentlichkeit und unsere Regierung ihn daran nicht hindern würden, vielmehr wäre man der Meinung, daß sein Verschwinden aus unserem Umfeld die Luft verbessern würde.« (Applaus)

Dieser Teil der Rede trägt ebenfalls Chruschtschows Handschrift – einfach aus dem Grunde, weil er der einzige in dem Zweihundert-Millionen-Reich war, der eine Entscheidung über die Ausbürgerung eines Prominenten treffen durfte. Der Parteichef hatte nicht eine einzige Zeile des Romans *Doktor Schiwago* gelesen, ebensowenig wie Semitschastni. Diese Aussage trifft auf neun von zehn potentiellen Entscheidungsträgern in der Affäre Pasternak zu. Wichtiger jedoch ist die offensichtliche Tatsache, daß Chruschtschow am 28. Oktober weder vom Verzicht Pasternaks auf den Nobelpreis noch von seinen Selbstmordplänen unterrichtet war. Der Dichter galt in Chruschtschows Augen immer noch als unbeugsam, und der Druck mußte erhöht werden, um ihn auf die Knie zu zwingen.

Polikarpow hatte bereits das Licht am Ende des Tunnels angekündigt, befand sich jedoch auf einer verhältnismäßig niedrigen Stufe der Hierarchie. Seine freudige Botschaft über Pasternaks Kapitulation war nicht auf direktem Wege an die höchste Stelle gelangt. So kam es zu der infamen Schweinerede auf dem Plenum des Komsomol, die dem Sowjetstaat einen großen Prestigeverlust im Westen bescherte. Da diese jedoch von Chruschtschow zuvor angeordnet worden sein mußte, konnte der Partei- und Regierungschef als letzte Instanz öffentliche Schadensbegrenzung gegenüber seiner eigenen geheimen Instruktion bewirken.

Olga Iwinskaja wußte nichts darüber, sie hörte nur der Rede zu und fühlte sich von Polikarpow im Stich gelassen. Der Doppelselbstmord wurde für sie wieder zur realen Bedrohung. Anderer-

seits bot Semitschastnis Beitrag eine unverhoffte Alternative an –
Pasternaks Ausbürgerung. Diese hätte für den Dichter zweifelsohne ein Ausweg sein können, für Olga jedoch war der Verlust
ihres Borja damit verbunden.

4

Pasternak las die Schweinerede in den Tageszeitungen vom Donnerstag, dem 30. Oktober, die sie allesamt im vollen Wortlaut ab-
druckten. Sein Selbstmordplan löste sich in Luft auf und wurde
abgelöst von einer spieltheoretischen Übung: Angenommen Ausbürgerung – dann fragt sich: Allein oder mit anderen? Wenn andere, dann: Mit wem?

Sinaida arbeitete gerade draußen im Garten des Sommerhau-
ses, als der Dichter den Familienrat einberief. Mitspracherecht
hatte in dieser Runde auch das »Außenmitglied« der Familie,
Nina Tabidse. Das Familienoberhaupt erörterte die Lage und
stellte die klassisch-russische Frage: Was tun?

Und hier trat Sinaida mit einem scheinbar völlig selbstlosen
Vorschlag an. Ich zitiere aus ihren Erinnerungen: »Ich allein war
dafür, daß er ins Ausland fährt. Er war erstaunt und fragte mich:
›Mit dir und Ljonja (dem jüngeren Sohn, G. D.)?‹ Ich antwortete:
›In keinem Fall. Ich wünsche dir alles Gute und möchte, daß du
deine letzten Lebensjahre in Ruhe und Ehre verbringst. Ljonja
und ich müssen uns wohl von dir lossagen. Du verstehst natürlich,
daß dies nur offiziell geschehen würde.‹«

Merkwürdigerweise gab es in dieser heuchlerischen Rede mehr
taktische Klugheit als in allen Äußerungen des Zentralkomitees.

Einerseits hielt es Sinaida nicht für denkbar, daß Pasternak auf die Idee kommen könnte, mit Olga Iwinskaja gemeinsam das Land zu verlassen. Dementsprechend hätte das Exil für ihre Nebenbuhlerin das Aus bedeutet und dem kaum erträglichen Zwiespalt, in dem Sinaida zu leben gezwungen war, ein schnelles Ende bereitet. Gleichzeitig überließ sie dem Ehemann die Entscheidung über die Option, allein auszureisen. Sie gab ihm also eine unerwartete Freiheit, mit der dieser, das konnte sie einigermaßen sicher voraussahnen, wenig anfangen konnte.

Der zweite Familienrat fand in der Moskauer Potapow-Gasse statt. Angesichts der veränderten Konstellation fragte Olga: »Sollen wir nicht wirklich fortgehen?« – »Ja, vielleicht ist das ja möglich«, antwortete der Dichter und zeigte sich sogar bereit, in diesem Sinne einen Brief an das Zentralkomitee zu schreiben. In dem Briefentwurf bat er darum, seinen Angehörigen, in diesem Fall Olga und ihren beiden Kindern, die Ausreise zu gestatten.

Unmittelbar darauf zerriß er den soeben geschriebenen Brief, nach Iwinskajas Deutung eine Geste des russischen Patrioten, der »nicht ohne seine Birken« leben kann. Ich glaube eher, daß ihm der Mut fehlte, diesen Schritt vor Sinaida und der sowjetischen Öffentlichkeit, inklusive der kritischen Intelligenz, zu rechtfertigen. Eine Geliebte statt der Ehefrau in die Verbannung mitzunehmen – dazu gehörte offensichtlich mehr Tapferkeit als zur illegalen Veröffentlichung eines »antisowjetischen« Romans im Ausland.

Zudem war auch etwas dran an dem Hinweis auf die Birken der Heimat. Der alte Mann mit den immer häufiger werdenden Schmerzen in der rechten Schulter wollte sein Land in Wirklichkeit nicht verlassen. Mit Olga Iwinskaja im Exil ein neues Leben zu beginnen – dazu hätten seine Kräfte nicht ausgereicht. Dann lieber das eingespielte Gleichgewicht zwischen Peredelkino und Ismalkowo – und wenn dieses nicht mehr zu halten wäre, dann sollte die Entscheidung zwischen den beiden Frauen in einer ihm vertrauten Welt fallen.

Als für Olga Iwinskaja immer deutlicher wurde, daß Pasternak nach dem Selbstmord nun auch die Emigration als Problemlösung ablehnte, begriff sie: Der einzige Ausweg lag in einem neuen Modus vivendi mit der Parteiführung.

5

Zu diesem Zeitpunkt tauchte eine neue Gestalt in der Geschichte auf, Grigori Chessin. Der studierte Rechtsanwalt, ehemals Direktor des sowjetischen Literaturfonds, war Chef der staatlichen Agentur für Autorenrechte (WAAP). Olga Iwinskaja beschreibt ihn als einen zuvorkommenden, höflichen Menschen, der ihr zur Begrüßung die Hand küßte und sich gern mit ihr unterhielt. Aufgrund gelegentlicher früherer Begegnungen wandte sie sich am Nachmittag des 30. Oktober ratsuchend an ihn.

Ohne Grigori Chessin a priori böswillige Absichten unterstellen zu wollen, müssen wir daran erinnern, daß die sowjetische Autorenagentur damals nichts anderes war als eine Außenstelle des KGB. Sie verteidigte vor allem die Interessen des Staates und erst in diesem Rahmen die Rechte der Autoren. Chessin war ein hoher Staatsbeamter und verhielt sich seinem Status entsprechend strikt ablehnend.

»Olga Wsewolodowna«, sagte er sehr laut, offensichtlich für die eingebauten Mikrophone in der Wand, »wir können Ihnen keinerlei Rat mehr geben. Ich betrachte Pasternak als Verräter, als Helfershelfer der Brandstifter des Kalten Krieges, als inneren Emigranten. Es gibt einige Dinge, die man ihm um des Vaterlands willen nicht verzeihen kann. Nein, hier kann ich Ihnen zu überhaupt nichts raten.«

Olga Iwinskaja stand noch einige Minuten lang schockiert im Flur des Gebäudes, als sie dort von einem jungen Rechtsanwalt angesprochen wurde. Er stellte sich als Mitarbeiter der Autorenagentur, gleichzeitig als großer Verehrer von Pasternak vor und gab Iwinskaja den angeblich rein privaten Rat, einen Brief an den Parteichef Chruschtschow zu schreiben. Er machte sogar hastig einen ersten Entwurf dazu. Olga war von dem sympathischen jungen Mann tief beeindruckt, und es fiel ihr nicht ein, daß er im Auftrag von Chessin beziehungsweise – indirekt – des KGB handelte.

So entstand an diesem Nachmittag der berühmte Brief Pasternaks an Chruschtschow. Die Redaktionssitzung fand in der Potapow-Gasse statt und bestand aus Iwinskajas Kindern, Wjatscheslaw Iwanow und Ariadna Efron, der Tochter der verstorbenen Dichterin Marina Zwetajewa.

»Verehrter Nikita Sergejewitsch!

Ich wende mich an Sie persönlich, an das Zentralkomitee der KPdSU und an die sowjetische Regierung. Aus der Rede des Genossen Semitschastni habe ich erfahren, daß die Regierung ›meiner Ausreise aus der UdSSR keine Hindernisse in den Weg legen will‹. Diese Ausreise ist für mich unmöglich. Ich bin mit Rußland durch meine Geburt, mein Leben und meine Arbeit verbunden. Ich kann mir mein Schicksal allein und außerhalb Rußlands nicht vorstellen. Was immer auch meine Fehler und Irrtümer gewesen sein mögen, ich konnte mir nicht vorstellen, daß ich zum Mittelpunkt einer derartigen politischen Kampagne werden würde, wie sie im Westen um meinen Namen entfacht worden ist.

Als mir dies klar wurde, habe ich die Schwedische Akademie von meinem freiwilligen Verzicht auf den Nobelpreis in Kenntnis gesetzt.

Das Verlassen meiner Heimat wäre für mich der Tod, und daher bitte ich Sie, mir gegenüber nicht zu dieser äußersten Maßnahme zu greifen.

Mit allem Respekt: Ich habe doch schließlich etwas getan für die Sowjetliteratur und kann ihr auch weiterhin nützlich sein.«

Irina und Wjatscheslaw transportierten den Brief nach Peredelkino und zeigten ihn Pasternak. Dieser übernahm die Autorenschaft und setzte seine Unterschrift auf mehrere Blankopapiere für den Fall von Tippfehlern. Am nächsten Tag, dem 31. Oktober, landete Pasternaks Sendung im Sitz des Zentralkomitees, Moskau, Alter Platz 4.

6

Mittlerweile schritt die Kampagne gegen Pasternak unaufhaltsam voran. Am Freitag vormittag, dem 31. Oktober, versammelten sich die Schriftsteller, diesmal die Moskauer Organisation im Haus des Films. Sie griffen die in der Semitschastni-Rede enthaltene Forderung nach Ausbürgerung auf.

Ein solches Verfahren war jedoch selbst nach sowjetischen Gesetzen erst dann zulässig, wenn sich der Betreffende bereits im Ausland aufgehalten und sich dort »eines sowjetischen Staatsbürgers unwürdig« verhalten hatte. Um diese Situation herzustellen, mußte Pasternak zunächst die Ausreise als einzige Lösung des Konflikts nahegelegt werden. Die vierzehn Redebeiträge auf der Schriftstellerversammlung – für die anderen dreizehn Personen, die sich zu Wort gemeldet hatten, blieb keine Zeit mehr – gingen alle in diese Richtung. Fanatiker und Zyniker, erklärte Feinde und feige gewordene Freunde verlangten einstimmig, dem »Verräter und Kosmopoliten« Pasternak die sowjetische Staatsbürgerschaft abzuerkennen. Das entsprechend formulierte schändliche Dokument endete mit einer Verwünschung, die dem künftigen Emigranten in die Verbannung mitgegeben wurde: »Kein anständiger Mensch, kein Schriftsteller, niemand, dem das Ideal des Fortschritts und des Friedens teuer ist, wird ihm, der die Heimat und das Volk verraten hat, die Hand reichen.«

An diesem Nachmittag besuchte Olga Iwinskaja ihre Mutter in deren Wohnung, die diese seit zwei Jahren bewohnte, und hoffte darauf, sich nach den Aufregungen der letzten Tage ein wenig erholen zu können. Hier erreichte sie ein Anruf von Grigori Chessin, der diesmal nicht mehr einen seiner Strohmänner vorschickte. Neben ihm saß Polikarpow und teilte Iwinskaja mit, Pasternaks Brief sei an Chruschtschow weitergeleitet worden. »Mein Täubchen«, schmeichelte der Abteilungsleiter, »wir kommen jetzt zu Ihnen. Sie ziehen Ihr Pelzchen an, kommen hinunter, und wir fahren zusammen nach Peredelkino. Wir müssen Boris Leonidowitsch nach Moskau bringen, ins Zentralkomitee.«

Iwinskaja erkannte die Bedeutung der Stunde und war sich ihrer Rolle bewußt, sah aber bereits jetzt ein unüberwindliches Hindernis. Der Weg in die große Datscha war ihr versperrt. Womöglich hätte selbst der Komsomolchef Semitschastni bessere Chancen gehabt als sie, von Sinaida Nikolajewna willkommen geheißen zu werden. Deshalb schickte sie sofort ihre Tochter Irina mit einem Taxi nach Peredelkino, um Pasternak zu informieren. Einige Minute später warf sie sich auf den Rücksitz der schwarzen Regierungslimousine neben Chessin. Vor ihnen, neben dem Chauffeur, nahm Polikarpow Platz.

Pasternak wurde von Irina herausgerufen, fühlte sich überrumpelt und hatte den Wunsch, sich dem Anlaß entsprechend zu kleiden. Irina drängte jedoch auf Eile, und der Dichter hatte nur noch genug Zeit, um sein dunkelblaues argentinisches Jackett überzuwerfen und einen grauen Hut aufzusetzen. Seine abgetragene, schäbige »Datschenhose« behielt er jedoch an. Beschämt wegen seiner Uneleganz setzt er sich neben Olga und Irina in einen mittlerweile bestellten neuen Wagen mit Chauffeur.

Mit der Staatslimousine vor ihnen fuhren Polikarpow und Chessin. Der Kulturchef war unrasiert und unausgeschlafen. Es war ihm anzusehen, daß auch ihm die Ereignisse der letzten Woche zugesetzt hatten. Außerdem mußte er vor dem Gespräch im ZK offensichtlich noch jemanden konsultieren. Deshalb ließ er zunächst Pasternak etwa zwei Stunden in Iwinskajas Wohnung warten.

Pasternak war sehr aufgeregt, weil er glaubte, eine Begegnung mit Chruschtschow stünde unmittelbar bevor. In der Wohnung Olgas tranken sie starken Tee, und bevor sie in den unten wartenden Wagen steigen, nahm Irina eine große Flasche mit Baldriantinktur und außerdem das Herzmedikament Valokordin für Pasternak mit.

Die Arzneien wurden nicht gebraucht. Polikarpow, rasiert und sichtlich ausgeruht, verkündete Erfreuliches: Chruschtschow erlaube dem Dichter, in der Sowjetunion zu bleiben. Daran würde auch die Kampagne nichts ändern, unter anderem die empörten Leserbriefe, die in der morgigen Nummer der *Literaturnaja Gase-*

ta erscheinen würden und die man leider nicht mehr stoppen könne. Tja, so sei halt der Volkszorn. Allerdings müsse Pasternak in
nächster Zukunft noch einen Brief schreiben, um das beleidigte
Sowjetvolk milde zu stimmen. Dies solle allerdings erst nach den
Feierlichkeiten zum Jahrestag der Oktoberrevolution geschehen.

Die einzige weitere Forderung, die Polikarpow stellte: Pasternak müsse jede Begegnung mit Ausländern, vor allem mit Korrespondenten meiden – eine Bedingung, die der Dichter akzeptier-
te. Aber er beschwerte sich, er habe in den letzten Tagen keine
Post mehr bekommen – offensichtlich würden die Briefe zurück-
gehalten. Polikarpow lenkte ein, und tatsächlich bekam Pasternak
am nächsten Tag einen Sack voller Gratulationen zur Nobelpreis-
Nominierung.

Am Sonntag, dem 2. November, brachte die *Prawda* Pasternaks
Brief an Chruschtschow. Dies war das erste öffentliche Wort, das
von dem Dichter seit Beginn der Affäre um den Nobelpreis zu
vernehmen war. Angesichts des hysterischen Ausmaßes der Kampagne wirkte jedoch sein würdevoller, reueloser Ton fast wie eine
Provokation. Die parallel veröffentlichte TASS-Mitteilung, also
der offizielle Standpunkt der Regierung, war doppelzüngig formuliert. Der westlichen Öffentlichkeit galt die Zusicherung, die
Sowjets wollten Pasternak »kein Hindernis in den Weg legen, falls
er den Wunsch äußern sollte, ins Ausland zu reisen, um den ihm
verliehenen Preis im Empfang zu nehmen«. Zum großen Leidwesen der sowjetischen Behörden war Pasternak jedoch bisher an
kein Staatsorgan herangetreten, um ein Ausreisevisum zu bean-
tragen.

Im zweiten Absatz der Mitteilung wurde Pasternak die Möglichkeit nahegelegt, »die Sowjetunion zu verlassen, um persönlich
alle Reize des kapitalistischen Paradieses auszukosten«. Ange-

sichts der Tatsache, daß Pasternak ausdrücklich formuliert hatte, die Sowjetunion nicht verlassen zu wollen – was jetzt auch die *Prawda*-Leser wußten – war die Wiederholung dieses Angebots die Fortsetzung des Terrors gegen den Dichter.

Die Erwähnung der Oktoberfeierlichkeiten von seiten Polikarpows war nicht zufällig, denn nun wollte die Sowjetregierung endlich Ruhe haben. Offensichtlich hielt man an der Spitze der Macht die Verabredung vom 31. Oktober für allzu provisorisch und lückenhaft. Die Affäre Pasternak sollte unbedingt vor den jährlichen dreitägigen Feiern zum Jahrestag der bolschewistischen Revolution abgeschlossen sein.

So kam es am 4. November zu einem erneuten Anruf Polikarpows bei Olga Iwinskaja. Er ordnete an, den eingeforderten Brief an das Sowjetvolk sofort zu schreiben und ihm den Entwurf am nächsten Tag persönlich im Sitz des ZK zu überbringen. Der nach der zweiwöchigen Hetzjagd erschöpfte und gebrochene Pasternak schrieb den gewünschten Brief und überließ Iwinskaja die Drecksarbeit: Die Frau formulierte gemeinsam mit Polikarpow die endgültige Version dieser unerhörten Selbstdemütigung, welche die *Prawda* am nächsten Tag, dem 6. November, vollständig abdruckte. In diesem Brief bedauerte Pasternak sowohl die Tatsache, daß er diesen Roman überhaupt geschrieben hatte, als auch die Auszeichnung mit dem Nobelpreis. Am traurigsten sind jedoch die Zeilen, in denen er die Aufrichtigkeit seiner Reue betont: »Während der stürmischen letzten Woche war ich keinerlei Verfolgung ausgesetzt, hatte weder Leben noch Freiheit noch sonst irgendwas zu riskieren. Ich möchte noch einmal betonen, daß alle meine Handlungen auf freiwilligen Entschlüssen beruhen. (...) Es ist überflüssig zu versichern, daß niemand irgendwelchen Zwang auf mich ausgeübt hat und daß ich diese Erklärung aus freien Stücken abgebe, im festen Glauben an die allgemeine und an meine eigene Zukunft, mit Stolz auf die Zeit, in der ich lebe und auf die Menschen, die mich umgeben. Ich glaube, daß ich in mir die Kraft wiederfinden werde, um meinen guten Namen wiederherzustellen und das erschütterte Vertrauen meiner Genossen wiederzugewinnen.«

Die Affäre Pasternak war also zunächst erledigt. Es folgte der 7. November, und das Sowjetvolk konnte ungestört drei Tage lang mit Feuerwerk, Militärparade und Wodka seine Revolution feiern.

»Anläßlich der feierlichen Preisverleihung am 10. Dezember des Jahres 1958«, so berichtete der schwedische Diplomat Dr. Kjell Strömberg »beschränkte sich der Ständige Sekretär darauf, den Namen des Preisträgers und die Gründe für die Zuerkennung des Preises an ihn zu erwähnen. Er fügte hinzu, Pasternak habe die deshalb nicht weniger gültige Ehrung ausgeschlagen, und bedauerte, daß die Überreichung des Preises nicht stattfinden könne. Ein gewichtiges Schweigen folgte diesen Worten, mit denen die Zeremonie im Konzertpalast beendet wurde. Bei dem traditionellen, zu Ehren des Nobelpreisträgers wie jedes Jahr im Rathaus zu Stockholm stattfindenden Bankett fiel der Name Pasternak nicht mehr. Der Botschafter der Sowjetunion beehrte die Veranstaltung mit seiner Anwesenheit – offenbar nicht, um den Triumph seiner Moskauer Herren über einen großen und unerwünschten Schriftsteller zu feiern, vielmehr um seinen drei Landsleuten und Genossen (Tscherenkow, Tamm und Frank, G. D.), die sich im gleichen Jahr den Nobelpreis für Physik teilten, gebührend Gesellschaft zu leisten.«

In der sowjetischen Sekundärliteratur fehlt es nicht an Äußerungen, welche die Haltung Pasternaks angesichts der Nobelpreiskampagne verurteilen. Für Olga Iwinskajas Handlungen fand die Nachwelt noch weniger anerkennende Worte.

Was die Entscheidung des Dichters betrifft, auf die Auszeichnung zu verzichten und in Rußland zu bleiben, so kann diese in keiner Weise beanstandet werden. Es war eine Entscheidung, die nur mit ihm selbst und seinem unmittelbaren sozialen Umfeld zu tun hatte. Außerdem hatte Pasternak das für ihn Wichtigste bereits vollzogen. Er hatte den Roman geschrieben und veröffentlicht und somit seiner Maxime gemäß gehandelt: »Der Schriftsteller existiert, damit seine Werke gedruckt werden.«

Durch die Kühnheit der illegalen Publikation im Ausland gab er Dutzenden von späteren Autoren ein Beispiel. Ohne Pasternaks Vorstoß wären weder die Auslandspublikationen von Andrej Sinjawski und Julij Daniel noch die von Alexander Solschenizyn vorstellbar gewesen.

Eine andere Frage ist, wie man Kleinmut und Gefühlsschwankungen beurteilt, die untrennbar von der literarischen und gesellschaftlichen Größe manchmal ein Eigenleben zu führen schienen. Boris Pasternak war mutig genug, einen antisowjetischen Roman in den Westen schmuggeln zu lassen, und traute sich nicht, bei seiner Geliebten zu übernachten. Beide Haltungen waren seiner Persönlichkeit immanent, und deshalb ist es müßig und außerdem ungerecht, alle seine Fehlhandlungen den Frauen in seinem Umfeld zuzuschreiben.

Ebensowenig können Pasternaks Frauen für alle und jede ihrer eigenen Handlungen den unwiderstehlichen Einfluß seiner Persönlichkeit als Entschuldigung geltend machen. So belastet der Brief in der *Prawda*, wie er endgültig formuliert war, eindeutig Olga, die diese furchtbare Selbstentblößung und direkte Lüge mit Polikarpow zusammen ausgeheckt hatte. Dazu hatte sie niemand gezwungen, und es gehört zur ganzen Wahrheit, daß sie bei den Verhandlungen mit dem ZK-Mann sowohl ihr von Pasternak erhaltenes Mandat als auch eine gewisse moralische Grenze überschritten hat.

So beschwerte sie sich bei Polikarpow über die fehlenden Aufträge für Pasternak und sich selbst, da sie um ihre materielle Existenz fürchtete. Polikarpow reagierte, wie es sich für einen Kuhhandel gehört: Er versicherte Iwinskaja, die *Faust*-Übersetzung würde wieder veröffentlicht, Schillers *Maria Stuart* würde in Pasternaks Übersetzung aufgeführt, und sie selbst bekäme ebenfalls neue Aufträge als Übersetzerin. Es kam Olga Iwinskaja nicht einmal im Traum in den Sinn, daß es sich bei solchen Zugeständnissen um erbärmliche Almosen handelte, die dem größten und berühmtesten Dichter des Landes angeboten wurden. Sie bestand nicht einmal mehr auf der versprochenen Publikation des Gedichtbandes.

Hier kommen wir zum heikelsten Punkt. Bei der Erörterung der drohenden finanziellen Katastrophe kam das Gespräch – am wahrscheinlichsten auf Iwinskajas Initiative hin – auf das potentiell fällige Honorar für den *Doktor Schiwago*. »Polikarpow riet freilich davon ab, für den hier nicht verlegten Roman Geld anzunehmen«, lesen wir bei Olga. Einige Minuten später kam aus dem Mund des Apparatschiks ein merkwürdiger Satz: »Es wäre gut, wenn man euch euer Geld mitbringen würde, und sei es auch im Sack, nur damit sich Pasternak beruhigt.«

Polikarpows Rat verhielt sich konträr zu den sowjetischen Gesetzen. Ohne die Vermittlung der Agentur für Urheberrecht und der Institution »Injurkollegia«, einer Art Bank, die allein für den Geldtransfer an Privatpersonen zuständig war, durfte kein Sowjetbürger aus dem Ausland Geld beziehen. Andere, schwarze Wege konnte Polikarpow nur deshalb vorschlagen, weil die Partei, die er vertrat, über dem Gesetz stand.

Bis zu diesem Zeitpunkt, dem Herbst 1958, hatte man bei Pasternak keinen Geldfluß aus dem Ausland registrieren können. Dabei waren es große Beträge, die ihm eigentlich zustanden. Bereits vor dem Nobelpreis war der *Doktor Schiwago* in vierundzwanzig Sprachen erschienen, und nach der Affäre wuchs diese Zahl auf das Mehrfache, ebenso die Auflagenhöhe. Pasternak verwandelte sich allmählich selbst für westliche Verhältnisse in einen Millionär, ohne einen Groschen aus diesem Vermögen in seinem Portemonnaie zu haben. Nach dem Gespräch zwischen Iwinskaja und Polikarpow, an dem er selbst nicht beteiligt war, schien sich für ihn ein Sesam zu öffnen. Von Olgas zärtlicher Hand wurde er ins Reich eines imaginären Reichtums geführt, das für ihn schon bald zum undurchdringlichen Labyrinth und für Iwinskaja zum Verhängnis wurde.

FÜNFTES KAPITEL

Westgeld und eine deutsche Frau

1

»Ach, Not mit Geld zu lindern, wenn man es kann, ist doch das
Wenigste«, schrieb Pasternak in einem Brief Anfang 1959 an Renate Schweitzer nach Deutschland. »Wir sind Gäste auf dieser
Welt, das Geld hat nur Wert, um sich Freiheit und Ruhe für die
Arbeit zu verschaffen, die uns als Verpflichtung auferlegt ist.«
Diese strukturell religiösen, beinahe salbungsvollen Sätze zeugen
neben dem ihnen innewohnenden Idealismus und der dem Dichter angeborenen Großzügigkeit von einiger Naivität im Umgang
mit materiellen Gütern. Zu dieser Haltung kam noch die Ah-
nungslosigkeit der Sowjetbürger über die Bedeutung von Zah-
lungsmitteln in einer Konsum- und Wohlstandsgesellschaft.

Pasternaks italienischer Verleger Giangiacomo Feltrinelli hingegen lebte durchaus in dieser Welt. Als Sprößling einer reichen
Bürgerfamilie fand er leicht den Weg von Mussolinis Jugendbe-
wegung zur Kommunistischen Partei Italiens und darüber hinaus
zur linksradikalen Szene. Er war ein hemmungsloser Epikureer,
unerbittlicher Geschäftsdiktator und sentimentaler Mäzen, von
dem sein Stiefvater Luigi Barzini anschaulich behauptete, daß er
nicht gerne vor einer roten Ampel halt mache. Der linke Krösus
Feltrinelli paßte sehr gut in die italienische Nachkriegsgesell-

schaft. Er lebte in einem Land der freien Welt, in dem der Kommunismus mehr ehrliche Anhänger hatte als in jedem Ostblockstaat und die Popularität des alten Kominternfuchses Togliatti mit derjenigen des Papstes durchaus konkurrieren konnte.

Die internationalen Rechte für den *Doktor Schiwago* lagen zunächst beim Verlag Feltrinelli. Die italienische Ausgabe war die erste Aktie, die später den großen Gewinn bringen sollte. Der Kalte Krieg war ebenso wie der zu erwartende Nobelpreis Bestandteil der Verlagsstrategie. Eines der wichtigsten verkaufsfördernden Elemente war groteskerweise die sowjetische Kampagne gegen Boris Pasternak. Das Zentralkomitee der KPdSU hatte nolens volens für Feltrinelli die PR-Arbeit geleistet.

Das einzige, was der Italiener nicht einzukalkulieren vermochte, war die irrationale Haltung seines Bestsellerautors. Pasternak unterschrieb grundsätzlich jeden Vertrag, ohne den Text zu lesen und seinen Inhalt zu verstehen. Gleich zu Anfang tat er etwas Ungewöhnliches, was den Verleger hätte alarmieren müssen: Er bot dem Vermittler Sergio D'Angelo »die Hälfte oder mehr« seines Honorars an, wie einem Brief an Feltrinelli vom Dezember 1957 zu entnehmen war. Diese Summe, von deren tatsächlicher Höhe er nicht die geringste Idee hatte, war eine viel zu hohe Provision für einen Literaturagenten. Das finanztechnische und urheberrechtliche Chaos brach jedoch erst nach der Verleihung des Nobelpreises aus.

Der Geldfluß selbst setzte unmittelbar nach der Nobelpreisaffäre ein. Französische Touristen schmuggelten Ende 1958 20 000 Rubel in die Sowjetunion und überreichten diese Summe dem Autor in Peredelkino. Pasternak überquerte die Holzbrücke nach Ismalkowo und lieferte »einen Teil« des Honorars, das womöglich mit der französischen Ausgabe des Romans zu tun hatte,

114

bei Iwinskaja ab. Um dem westlichen Leser die Mühe der Um-
rechnung zu ersparen, seien hier einige sowjetische Monatsein-
kommen aus den fünfziger Jahren genannt.

Durchschnittslohn in der UdSSR: 600–700 Rubel
Mittelschicht (Techniker, Bürokraten usw.): 900–1200 Rubel
Intelligenz (Ärzte, Rechtsanwälte, Künstler): 2000–5000 Rubel
Dotation des Leninpreises: 100 000 Rubel.

Eine Wolga-Limousine kostete 40 000, ein »volkstümlicher«
Moskwitsch 15 000 Rubel.

Potentiell gehörte Pasternak zu den Rubelmillionären, deren
Zahl laut *Spiegel* von 980 im Jahre 1954 auf 2000 im Jahr des No-
belpreises angewachsen war. Doch stellte sich in seinem Fall die
Frage: Wie konnte er an dieses Vermögen herankommen?

Polikarpows eindeutige Zweideutigkeit (»und sei es auch im
Sack, nur damit sich Pasternak beruhigt«) war bisher eine Ab-
straktion gewesen. Die Tatsache jedoch, daß der genau beobach-
tende KGB der ersten Transaktion dieser Art kein Hindernis in
den Weg stellte, wirkte ermunternd. Die eingeflogenen »ersten
Schwalben« (so nannte Iwinskaja die französischen Touristen)
schienen den Frühling zu bringen. Und Pasternak brauchte das
Geld angeblich, um »Freiheit und Ruhe« zu haben. Die Millionen
wurden am Horizont sichtbar, führten jedoch weder zu Freiheit
noch zu Ruhe.

2

Anfang 1959 zog Olga Iwinskaja in eine größere Datscha um, wiederum in Pasternaks Nähe gelegen, und wohnte dort im Erdgeschoß. Nach dem Abklingen der großen Spannungen nahmen die privaten Probleme wieder mehr Raum ein. Pasternaks Leben mit Sinaida wurde immer unerträglicher. Offensichtlich war die Frau von den dramatischen Ereignissen sehr mitgenommen. Sie wollte endlich ihren Frieden haben, also Iwinskaja loswerden, die in ihren Augen auch für die Nobelpreisaffäre um den *Doktor Schiwago* mitverantwortlich war. Pasternak sehnte sich nach einem Fluchtweg. So kam ihm die Einladung von Konstantin Paustowski sehr gelegen, den Winter gemeinsam mit Olga Iwinskaja bei ihm in Tarussa zu verbringen. Einige Quellen bezeugen sogar Pasternaks Absicht, in dem nahe Moskau gelegenen Dorf ein Haus zu mieten. Jedenfalls war Iwinskaja am 20. Januar 1959 davon überzeugt, daß dieser Tag die gemeinsame Abreise und endlich das ersehnte Zusammenleben mit Pasternak bedeuten würde.

Statt dessen kam eine bittere Enttäuschung. Pasternak besuchte Olga am frühen Morgen, um ihr mitzuteilen – Zitat von Iwinskaja: »Er könne ganz einfach Menschen nicht verletzen, die das nicht verdient hätten und die nichts weiter wünschten, als zu leben, wie sie es gewohnt seien. Es bleibe gar nichts anderes übrig, als wie bisher in zwei Häusern zu leben.«

Diese negative Botschaft läßt einen Rückschluß zu auf das vorausgegangene direkte Versprechen, die große Datscha zu verlassen und auch etwas weit Bedeutenderes zu wagen: sich von Sinaida offiziell scheiden zu lassen und Olga zu heiraten. Darauf weist Iwinskajas heftige Reaktion hin: »Ich fühlte intuitiv, daß ich mehr als irgend jemand sonst den Schutz eines Namens brauchte und daß ich ihn auch verdient hatte. (…) Ich warf ihm vor, daß er sich seinen Frieden auf meine Kosten verschaffe, und erklärte, ich würde unverzüglich nach Moskau abfahren.

Hilflos wiederholte er, ich könne ihn natürlich jetzt leicht verlassen, er sei ja ein Geächteter. Ich schalt ihn ›kokett‹. Er wurde noch bleicher, sagte leise, ich würde sicher bald alles verstehen, und ging.« Olga Iwinskaja hatte tatsächlich einiges nicht verstanden, unter anderem die rhetorische Frage, die der Mann im Laufe ihres Gesprächs gestellt hatte: »Du weißt doch, daß du meine rechte Hand bist, daß ich ganz dein bin?« Als Pasternak sie am Nachmittag aus dem Postamt Peredelkino anrief, legte sie sofort den Hörer auf.

Am nächsten Tag rief Polikarpow aufgeregt bei Iwinskaja an: »Was Boris Leonidowitsch jetzt angestellt hat, ist noch schlimmer als die Geschichte mit dem Roman!« Pasternak hatte ein Gedicht geschrieben mit dem Titel »Nobelewskaja premija« (Nobelpreis) und hatte das sozusagen noch warme Manuskript dem britischen Journalisten Anthony Brown von der *Daily Mail* übergeben. In wenigen Tagen verbreitete sich das Gedicht wie ein Lauffeuer in den westeuropäischen Zeitungen.

»Nobelpreis« wurde wahrscheinlich unmittelbar nach der Absage des Zusammenlebens mit Olga verfaßt:

Ausweglos, Tier im Gehege,
Menschen sind wo, Freiheit, Licht,
Doch um mich der Lärm der Jäger,
Draußen gibt es für mich nicht.

Dunkler Wald und Hang am Teich hier,
Eine Fichte, quergelegt.

Werde, was will, es ist das Gleiche.
Allseits abgeschnittener Weg.

Welche Schuld, welch abgefeimte,
Lastet auf mir, Mord, Raub, Zwang.
Der die Welt ich machte weinen
Vor der Schönheit seines Lands?

Doch auch so, beinah am Grabe,
Glaube ich, es kommt die Zeit –
Über Niedertracht und Schaden
Triumphiert der gute Geist.

Immer enger drängt die Hetzjagd.
Eine Buße, die mich quält:
Daß die Freundin meines Herzens,
Meine rechte Hand mir fehlt.

Mit dem Hals schon in der Schlinge
Wünsche ich noch unverwandt,
Daß die Tränen mir wie immer
Trockne meine rechte Hand.

(1959, Aus dem Russischen von Rolf-Dietrich Keil)

Zwei Motive sind auf den ersten Blick zu erkennen. Das eine ist indirekt und steckt in der Tatsache des Gedichtschreibens selbst, die an Lew Tolstojs Motto zu *Anna Karenina* erinnert: »Mein ist die Rache.« Zum ersten Mal nach dem demütigenden Brief an die *Prawda* erhob der Dichter sein Haupt und sprach über seine wirklichen Gefühle. Das andere Motiv verweist auf das Gespräch mit Olga. Den Mut schöpfte Pasternak aus der Verzweiflung, von ihr verlassen zu werden. Die Zeilen über die »rechte Hand« beziehen sich direkt auf sie.

Dennoch wäre es weder für Pasternak noch für Iwinskaja typisch, wenn die Geschichte so einfach erzählbar bliebe: Die Geliebte bricht die Beziehung ab, und der Verlassene rächt sich an der Staatsmacht. Merkwüdigerweise fehlen jedoch die zwei Strophen mit der »rechten Hand« nicht nur in der *Daily Mail*, sondern, auch in allen nach 1988 gedruckten russischen Ausgaben von Pasternaks Gedichten. Genauer gesagt, zwar findet man sie im Anmerkungsapparat der fünfbändigen »Gesammelten Werke« (Moskau, 1989), allerdings mit dem Hinweis, daß diese Strophen, die einen Bezug zu Olga Iwinskaja haben, durch den Autor selbst in seinem Schreibheft zugeklebt worden waren, d.h. Pasternak wollte sie nicht veröffentlichen. Olga, die sich bis zu ihren letzten Tagen ostentativ als die Muse von Pasternak bezeichnete, scheint diesen philologischen Mangel nicht zur Kenntnis genommen zu haben.

Anders als in den Erinnerungen, in denen sie ein ganzes Kapitel dem Konflikt um den gescheiterten Umzug nach Tarussja und dem »Nobelpreis«-Gedicht widmet, versucht sie später die Kollision mit dem Dichter eher zu verharmlosen. In dem ersten Interview, das sie in der sowjetischen Presse veröffentlichen konnte (*Ogonjok*, September 1988) wird ihr die direkte Frage gestellt: »Olga Wsewolodowna, es ist bekannt, daß die letzten beiden Strophen dieses Gedichts mit irgendeiner tragischen Episode ihrer Beziehung zu Pasternak zusammenhängen.« Iwinskaja antwortet ausweichend: »Dies ist nur teilweise richtig, eine etwas vereinfachende Interpretation. Ja, in der Tat, es kam damals zwischen uns zu einem zeitweiligen Abbruch der Beziehung, woran wir beide sehr gelitten haben. Aber das war nur der Anstoß, ein Stäubchen. Ein Stäubchen in der endlosen Lawine der Verleumdung und Leids. Diese Lawine, diese ›abgeschnittenen Wege‹ lösten das Gedicht aus...« Offensichtlich ging es Olga nun, wo Pasternak öffentlich rehabilitiert und als großer Dichter anerkannt worden war, mehr um die nachträgliche Harmonisierung ihrer Beziehung als um die Rolle der Inspiratorin eines dermaßen bitteren Gedichts.

Am nächsten Tag rief er wieder bei Olga an und begann mit den Worten: »Oljuscha, leg nicht auf ...« Dann las er das Gedicht und teilte sofort mit, den Text »nach drüben« geschickt zu haben. Auf das Liebesgedicht konnte Olga unmöglich mit Ablehnung reagieren. Leider hatte ihr Entgegenkommen jedoch auch einen anderen Grund: Der von der Gefahr einer neuen »Affäre« hysterisierte Kulturfunktionär Polikarpow wollte sie wieder als Vermittlerin einsetzen. Olga Iwinskaja kam aus ihrer zwielichtigen Rolle nicht heraus.

Fünfunddreißig Jahre später machte ein Moskauer Boulevardblatt Schlagzeilen mit der Behauptung, Iwinskaja sei Agentin des KGB gewesen und habe in dessen Auftrag Boris Pasternak beobachten, bespitzeln und im Sinne des Systems beeinflussen sollen. Für diese auch in der Westpresse lancierte Behauptung gibt es bis heute keine Beweise.

Vielmehr bestätigen die Dokumente das Mißtrauen der Behörde gegenüber Pasternaks Lebensgefährtin. »O. Iwinskaja ist sehr antisowjetisch eingestellt«, so beginnt ein Geheimbericht des KGB vom 16. Februar 1959, »sie hat mehrmals erklärt, mit Pasternak ins Ausland fahren zu wollen. Sie hat auf ihn bereits früher einen negativen Einfluß ausgeübt. Vor dem KGB erklärte sie, sie sei gegen die Veröffentlichung des Gedichts ›Nobelpreis‹ gewesen und habe Angst, verhaftet zu werden.« »Vor dem KGB« – das bezieht sich auf eine Vorladung in die Lubjanka. Zur Authentizität dieser Beurteilung gehört die Tatsache, daß sie direkt von dem damaligen obersten Geheimpolizisten Alexander Schelepin unterzeichnet wurde.

Auch ein höchst geheimer Bericht von 18. Februar 1959 trägt seine Unterschrift: »Wir haben über lange Zeit hinweg Pasternaks Umfeld beobachtet und dabei festgestellt, daß viele in seinem Umfeld antisowjetische Ansichten vertreten. Seine Geliebte O. Iwinskaja gehört ebenfalls zu ihnen. Sie ist adeliger Herkunft, man kann sie als intelligent einstufen, aber moralisch ist sie korrupt. Im Jahre 1949 wurde sie wegen antisowjetischer Einstellung und Beziehung zu illegalen Händlern verhaftet, aber aus Mangel an Beweisen freigelassen.

Nach unseren Informationen möchte die Iwinskaja gerne mit Pasternak emigrieren, damit sich dieser von seiner Frau trennt und sie heiratet. Ihr Einfluß auf Pasternak ist außerordentlich groß.«

Eine direkte Agententätigkeit von Olga Iwinskaja ist damit so gut wie ausgeschlossen. Was jedoch sicher bestand, waren kontinuierliche Kontakte und gelegentliche Zusammenarbeit zwischen ihr und den zuständigen Parteiinstanzen. Diese ist auf zwei Faktoren zurückzuführen. Der erste war ihre ständige und außerdem begründete Angst vor einer neuen Verhaftung.

Während des ersten Ermittlungsverfahrens war Olga Iwinskaja ihren Verhörern sowie der psychischen Folter, die man an ihr verübte, vollständig ausgeliefert. Nach der Szene in der Leichenkammer bei ihrer ersten Verhaftung fiel sie in einen psychotischen Zustand und ließ alles mit sich geschehen. Ebenso wie manche

Geisel mit der Zeit von den Geiselnehmern gefühlsmäßig abhängig wird, erschien auch ihr der Terrorist in Uniform allmählich als Beschützer. Als die Tochter Irina einige Jahre später in der Lubjanka bei einer Gegenüberstellung ihre Mutter sah, nahm sie erschüttert »ihren pathologischen Kontakt« mit dem Verhörer Major Alexanotschkin wahr.

Der andere Grund für die gelegentliche Kooperation Iwinskajas mit den Vertretern des Apparates war in ihrer speziellen Interessenlage begründet. Pasternak wollte um keinen Preis selbst verhandeln, und dadurch hatte Iwinskaja die Möglichkeit, sich als »rechte Hand« unentbehrlich zu machen. Diese Konstruktion erwies sich gleichzeitig als die bequemste für Partei und Geheimpolizei, um an Pasternak heranzukommen. So war Iwinskaja imstande, die Beziehungen ihres Dichters zur offiziellen Welt völlig unter Kontrolle zu halten.

Mehr und mehr dehnte sie ihre Kontrolle auch auf seine »inoffiziellen«, vor allem auf seine Westkontakte aus. Sinaida Nikolajewna hatte nach der Affäre mit dem Gedicht »Nobelpreis« in ihrem Hoheitsbereich jegliche Verbindung dieser Art strikt unterbunden und erklärte zum Thema Westbesucher: »Diese Meute kommt hier nur über meine Leiche herein.« Sie veranlaßte ihren Mann, eine Tafel in drei Sprachen an die Tür der Datscha zu hängen, auf der der Hausherr erklärte, er sei beschäftigt und wolle deshalb niemanden empfangen. Obwohl auch Iwinskaja sich vor Besuchern aus dem Ausland fürchtete – schließlich hatten Pasternak und sie der Partei diesbezüglich Abstinenz zugesichert –, öffnete sie ihre Datscha und die Moskauer Wohnung für die aus sowjetischer Sicht suspekten Visiten. Die illegalen Besucher paßten zur nicht legalisierten Beziehung. Auch ein Gastspiel des Hamburger Schauspielhauses in Moskau besuchte Pasternak nicht mit seiner Ehefrau, sondern mit seiner Geliebten. Es wurde der *Faust* aufgeführt, mit Gustaf Gründgens in der Hauptrolle, und Pasternak feierte mit Olga und den Schauspielern bis drei Uhr nachts.

Sinaida Nikolajewna sollte ihre rigide Haltung später bereuen: »Ich glaube mich unrichtig verhalten zu haben. Iwinskaja nutzte dies aus und begann, bei sich in der Datscha Ausländer zu empfangen. (...) Wahrscheinlich wäre es besser gewesen, wenn der Kontakt mit den Ausländern vor meinen Augen abgelaufen wäre. Man hätte dadurch vieles verhindern können.«

Alle, die Macht haben, sei es über ein Land oder einen Menschen, haben sofort die Sorge, wie sie mit diesem gefährlichen Vermögen umgehen sollen.

Heute wissen wir, daß oben im Apparat gewaltige Anstrengungen unternommen wurden, um aus der Veröffentlichung des Gedichtes »Nobelpreis« eine zweite »Pasternak-Affäre« mit einer möglichen Ausbürgerung zu schmieden. Das ZK, der KGB, die Staatsanwaltschaft, die Geheimdiplomatie sammelten Schuldbeweise.

Die nüchterne Einsicht, daß eine erneute Kampagne für das Image des Landes überaus rufschädigend wäre, hielt letztlich die Wut der Funktionäre im Zaum. Man begnügte sich damit, Iwinskaja nach dem Besuch von Anthony Brown in die Lubjanka und Pasternak vor den Obersten Staatsanwalt Roman Rudenko zu zitieren. Rudenko, von Pasternak als »der Mensch ohne Hals« bezeichnet, ehemals Ankläger im Nürnberger Prozeß, bezichtigte den Vorgeladenen des Landesverrats und drohte mit Verhaftung, falls Pasternak nicht bereit sei, die Kontakte zu Ausländern einzustellen.

Offiziell wurde also mit schwerem Geschütz geschossen. Gleichzeitig wurden informell diverse Wünsche über das Medium Iwinskaja übermittelt.

So beauftragte Polikarpow Olga Iwinskaja, Sorge dafür zu tragen, daß Pasternak in der Zeit einer bevorstehenden Visite des britischen Premiers Harold Macmillan die sowjetische Hauptstadt, in der es von Journalisten nur so wimmeln würde, freiwillig verließ. Iwinskaja war über diese Instruktion hoch erfreut. Sie erhoffte sich davon die Realisierung einer lang geplanten gemeinsamen Reise mit ihrem Borja, womöglich nach Leningrad. Zu ihrem Leidwesen kamen jedoch noch andere Kräfte zum Zuge. Der KGB hatte seine Kanäle auch zur Ehefrau Sinaida und machte diese ebenfalls auf die Gefahr des Macmillan-Besuchs aufmerksam. Die Botschaft war sogar, der englische Regierungschef sei sehr interessiert, den Dichter persönlich kennenzulernen. Um einer derartigen Katastrophe vorzubeugen, überzeugte sie ihren Ehemann, lieber endlich der seit Jahren bestehenden Einladung von Nina Tabidse nach Georgien zu folgen.

Die beleidigte Olga Iwinskaja fuhr allein nach Leningrad, und die Beziehung zu Pasternak war fast am Ende.

3

Ein Geheimbericht von Polikarpow an das Zentralkomitee vom 20. Januar 1959 über den inneren Feind Nr. 1 des Sowjetstaates erwähnt die märchenhafte Summe von 900 000 Dollar auf einem für Pasternak eröffneten Schweizer Konto. Der sowjetische Botschafter in Stockholm, von dem die Information stammte, hegte die Befürchtung, »antisowjetische Organisationen könnten von diesem Geld eine Stiftung zu antisowjetischen Zwecken gründen« – eine grundlegende Verkennung des westlichen Bankenwesens.

Gleichzeitig findet sich im Tagebuch von Kornej Tschukowski unter dem Datum von 7. Januar 1959 folgende Eintragung: »Pasternak (...) war bei mir. Er ist alt geworden, seine Schläfen sind eingefallen, aber er wirkt frisch. Ich sagte ihm, daß ich wegen seiner Geschichte seit drei Monaten nicht schlafen kann. Er: ›Ich schlafe hervorragend. Ich bin gekommen, Sie um Geld zu bitten. Ich brauche fünftausend Rubel. Ich habe Geld, aber ich möchte nicht Sina fragen. Und ich will auch nicht, daß sie davon erfährt. (...) Olga Wsewolodowna bekommt wegen mir keine Übersetzungsaufträge vom Staatsverlag. Die früheren Aufträge hat man ihr weggenommen. Ich habe ein Stück von Slowacki übersetzt, beim Verlag abgegeben, die Lektoren haben die Arbeit akzeptiert, aber es wird kein Geld ausgezahlt. Hören Sie, was halten Sie davon, wenn ich Hemingway eine Vollmacht ausstelle, damit er meine Honorare annimmt?‹«

Offensichtlich suchte Pasternak einen Ausweg aus seinen finanziellen Nöten und hatte vorerst keine Ahnung, wie er zu seinem eigenen Geld kommen konnte. Die zwanzigtausend Rubel vom Ende des vorigen Jahres waren anscheinend restlos ausgegeben. Die zweite »Schwalbe« erschien Mitte Januar und hieß Heinz Schewe, Korrespondent der *Welt*. Er war befreundet mit Feltrinelli und dessen deutscher Ehefrau Inge und brachte Rubel mit – wie groß dieser Betrag gewesen ist, wissen wir nicht. Gleichzeitig forderte er Pasternak und Iwinskaja im Namen des Verlegers Feltrinelli auf, die Geschäftsbeziehung mit D'Angelo zu kündigen. Dieser hatte mittlerweile seine Arbeit in Moskau beendet und wollte in Italien einen eigenen Verlag gründen. Als erstes

Buch gedachte er Pasternaks Autobiographie herauszugeben, die der dankbare Autor ihm bereits zur Übersetzung und Veröffentlichung überlassen hatte. Offensichtlich wollte D'Angelo sich von Feltrinellis Erfolg eine Scheibe abschneiden.

Pasternak begann nun damit, Vollmachten auszustellen. Er bat seine Verlegerin, die in Paris lebende Slawistin Jacqueline de Proyart, deren Ehemann Jurist war, Geldüberweisungen an verschiedene Personen zu tätigen. Seinen in Oxford lebenden Schwestern Josephine und Lidia ließ er je 10 000 Dollar überweisen. D'Angelo erhielt ebenfalls 10 000 Dollar, sein Nachfolger bei dem italienischsprachigen Sender des Radio Moskau 2000, drei Übersetzer bekamen je 5000, die beiden Herausgeber der französischen Ausgabe des *Doktor Schiwago* je 10 000. Weitere Geschenke – Pasternak nannte sie »Schulden« – wurden an zwei englische und einen dänischen Übersetzer überwiesen, eine Spende erhielt der Direktor des Stuttgarter Faustmuseums, und befreundete Journalisten, Bekannte und Briefpartner bekamen insgesamt 25 000. In den ersten zwei Monaten des Jahres 1959 gelang es ihm, ungefähr 140 000 Dollar loszuwerden.

Diese etwas überschwengliche Großzügigkeit mußte Pasternak notwendigerweise auch auf seine Nächsten ausdehnen. Er habe vor, so teilte er am 31. Januar 1959 Madame de Proyart in einem Brief mit, seiner Ehefrau 100 000 Dollar zu schenken. Am liebsten hätte er dazu den Rechtsweg beschritten, also den Betrag über das Urheberrechtsbüro schicken lassen. Doch er erinnerte sich an Polikarpows Worte, der Olga Iwinskaja seinerzeit von dieser Variante ausdrücklich abgeraten hatte. Seine Angst galt folglich nicht so sehr der Gefahr, daß das Geld als »illegales Einkommen« beschlagnahmt werden könnte, sondern der Wahrscheinlichkeit, daß im Falle eines erfolgreichen Transfers an die

Ehefrau Olga davon erfahren würde. So entstand eine beinahe infantile Idee: Falls er die Absicht habe, die 100 000 Dollar auf staatlichem Wege überweisen zu lassen, würde er Madame de Proyart ein Telegramm mit neutralem Text schicken, in dem seinem Wunsch nach einer Geldüberweisung durch die quasi zufällige Erwähnung des Namens Sinaida signalisieren würde.

Im März erfuhr Pasternak, daß 100 000 norwegische Kronen und 25 000 Pfund Sterling in einer Schweizer Bank auf ihn warteten. Er wollte die eine Hälfte des norwegischen Geldes an Sinaida, die andere an Olga überweisen. Erst wenn diese Beträge sicher bei den Adressatinnen gelandet wären, wollte er über die Verwendung der Schweizer Gelder entscheiden, die er über den sowjetischen Literaturfonds an arme und alte Schriftstellerkollegen zu spenden gedachte. Diese Bereitschaft teilte er in einem Brief vom 1. April 1959 Polikarpow mit, um ihn gleich zu fragen, ob er, Pasternak, berechtigt sei, dieses Geld anzunehmen. Die Entscheidung bat er Olga Iwinskaja mitzuteilen.

Der Funktionär war einigermaßen ratlos. Zunächst schlug er Pasternak vor, auf das Geld zu verzichten, fragte aber dennoch im Zentralkomitee an, ob es nicht richtiger wäre, die hübsche Summe über sowjetische Kanäle abzuleiten. Er griff sogar auf Pasternaks Vorschlag bezüglich des Nobelpreisgeldes vom Ende Oktober 1958 zurück, der damals mit heller Empörung abgelehnt worden war: das Geld dem sowjetisch gesteuerten internationalen Friedensrat zur Verfügung zu stellen. Bevor Polikarpow jedoch für den unkoscheren norwegischen Goldregen grünes Licht bekommen konnte, teilte der Dichter der staatlichen Agentur für Urheberrechte loyalerweise mit, er habe das Honorar bereits ausgeschlagen.

Ab Februar 1959 kamen regelmäßig Rubelbeträge an, die entweder in Olga Iwinskajas Wohnung landeten oder aber – vor dem wachsamen Auge der Geheimpolizei – im Koffer von Olga oder Irina irgendwo in der Stadt in Empfang genommen wurden. Die Lieferanten – Gerd Ruge, Heinz Schewe, Georges Nivat, das Journalistenehepaar Garritano, der Korrespondent Benedetti, der Tourist Leo Palladini – erfüllten gelegentlich auch Konsumwünsche. Sergio D'Angelo kaufte in seiner Heimat für Iwinskaja eine Schreibmaschine mit kyrillischen Buchstaben, einen Nylonrock, einen Mantel, ebenfalls aus Nylon, Winterschuhe, Schminkzeug – allesamt Kleinigkeiten, die jedoch in der Mangelwirtschaft der Sowjetunion einen enormen Wert hatten.

Insgesamt gelangten bis Mai 1960 schätzungsweise 360 000 Rubel zu Olga Iwinskaja, von denen wahrscheinlich ein Drittel bei Sinaida landeten. Diese Beträge erwähne ich nicht aus Voyeurismus, sondern einzig und allein wegen der Tatsache, daß sie später den sowjetischen Behörden dazu dienten, Olga Iwinskaja und Irina Jemeljanowa zu kriminalisieren. Eigentlich gehörte jedoch eine noch viel größere Summe dazu, die aufgrund einer Absprache zwischen Pasternak und D'Angelo zur Verfügung stand.

Der Dichter begann sich bereits im Januar 1959 über die Zukunft Sorgen zu machen. Er wollte die Sicherheit haben, über eine größere Summe frei verfügen zu können. Er dachte dabei an ein dauerhaftes Übersetzungsverbot, an Krankheiten, an nicht vorhersehbare Ausgaben. Deshalb beauftragte er D'Angelo, 100 000 Dollar von seinem Honorar abzuheben und ihm diesen Betrag später in Rubel auszuzahlen. Damit entschied er sich eindeutig für den nicht legalen Weg. Pro forma handelte es sich um einen Auftrag, über den D'Angelo zwei Vertrauenspersonen, namentlich Madame de Proyart und Feltrinelli, Rechenschaft abzulegen hatte. Pasternak gegenüber brauchte er, wie dieser an den Italiener schrieb, »nicht präzise abzurechnen«, unter anderem konnte er sich von dem Betrag eine ihm genehme Provision abziehen. Dieser Auftrag bekam erst im Dezember 1959 eine schriftliche Form, die wiederum D'Angelo im März 1960 erreichte, zwei Monate vor Pasternaks Tod.

In diesem aufreibenden Chaos zwischen Politik, Nobelpreis, finanziellen Sorgen und Eifersuchtsszenen erschien plötzlich eine Frau.

4

Über Renate Schweitzer (1909–1976) wissen wir nicht viel mehr als das, was sich aus ihrer umfangreichen Korrespondenz herausschälen läßt beziehungsweise was sie in ihren Kommentaren zum Briefwechsel mit Pasternak über sich selbst verrät.

Die 1909 geborene Musikwissenschaftlerin und ehemalige Schülerin von Wilhelm Furtwängler hatte einen Artikel in der *Zeit* gelesen und eine Radiosendung über Pasternak gehört, in der das Schlußkapitel des *Doktor Schiwago* gelesen wurde. Der Roman stand zu dieser Zeit in Deutschland unmittelbar vor der Veröffentlichung. Renate Schweitzer war schnell entschlossen und schickte ihren ersten Brief am 16. März 1958 nach Peredelkino mit der Post.

Die Beweggründe Schweitzers, mit dem weltberühmten Schriftsteller Kontakt aufzunehmen, waren zunächst der Romantik des Eisernen Vorhangs geschuldet. Dieser zog den Blick mancher westeuropäischer Zeitgenossen geradezu magnetisch an und gestaltete das althergebrachte, von Puschkin, Dostojewski, Tolstoj und Tschechow geprägte Rußlandbild noch geheimnisvoller, noch mystischer, als es ohnehin schon war. Die schneebedeckte russische Tiefebene, die Tundra, die Taiga, der dampfende Samowar, die unendliche Melancholie der Lieder – all diese Klischees vermischten sich nach 1917 bei vielen Zeitgenossen mit einem Schauder vor dem Kommunismus.

Der andere Grund, der Schweitzer zum Briefeschreiben brachte, mochte in ihrer Persönlichkeitsstruktur liegen. Ihre Briefe zeigen eine einsame Frau mit unausgefülltem Gefühlsleben und nur teilweise in Bewegung gebrachten kreativen Energien – sie schrieb Libretti und Gedichte. Als Pasternaks Antwort mit Datum vom 5. April 1958 in Berlin eintraf, so erinnert sie sich, »strömten Tränen über mein Gesicht. Wie oft ich das Bild der Schriftzüge in mich aufnahm, könnte ich nicht mehr sagen. Es war, als gäbe mir Boris Pasternak die Hand.« Diese heftige Reaktion schien offensichtlich den Briefpartner mitten ins Herz zu treffen und bestimmte den Ton der sich nun anbahnenden Korrespondenz.

Ein halbes Jahrhundert zuvor hatte der junge Pasternak seine Studentenjahre in Marburg verbracht, und auf seiner letzten Auslandsreise im Sommer 1935 hatte er noch das unzerstörte Berlin gesehen. Während Renate Schweitzers Botschaften eine militärisch unüberwindbare geographische Entfernung zu überbrücken suchten, schrieb der Dichter in ein zeitliches Vakuum hinein. Er verfaßte seine Briefe in einem etwas antiquierten Deutsch, das auf den heutigen Leser gefühlsduselig und falsch wirkt. Schweitzer jedoch trieben Pasternaks Briefe und Postkarten allmählich in den Zustand einer beinahe religiösen Exaltiertheit.

Es scheint wenig sinnvoll, diese von ihr veröffentlichten und peinlich-intim wirkenden Briefe im Detail zu zitieren. Die Eskalation der Leidenschaften läßt sich bereits über die Entwicklung der Ansprechformel verfolgen. Auf Pasternaks höfliches »Liebe

Frau Schweitzer« antwortete diese am 13. April 1958 mit einem gefühlsbetonten persönlichen »Lieber, lieber Herr Pasternak«, dem er wiederum mit »Frau Renate, lieber Freund« am 4. Mai 1958 entgegnete. Später folgt »Liebe Renate«, »Meine liebe Renate«, »Gute, kluge, feurige Freundin« und schließlich »Wunderrenate«, »mein liebes Mädchen«, »mein Liebling«, »liebe, innigst liebe Frau«.

Bereits im Mai erzählte er mit exhibitionistischer Offenheit über die beiden Frauen seines Lebens. In seinen Briefen vom Juli und August 1958 führte Pasternak das Duzen ein, ähnlich wie seinerzeit während der Spaziergänge mit Olga Iwinskaja. In den Abschiedsformeln häuften sich gleichzeitig die »Umarmungen«, die »innigen Umarmungen«, die »Küsse«, und am 20. August sogar: »oh! oh! oh! oh! Renate!« Die intime Konnotation muß für beide Seiten deutlich gewesen sein. Renate Schweitzer schickte ein Gedicht von Li Tai Po über den »Mandarinengeruch in der Achselhöhle eines Weibes«, und Pasternak phantasierte, wie sie »im Bett liegend« seine Briefe las.

Verständlicherweise fing die Frau Feuer. Im Juli 1958 spielte sie erstmals auf die Möglichkeit an, nach Moskau zu fahren, um Pasternak persönlich kennenzulernen. Wiederholt kam sie auf dieses Thema zurück und träumte, da keine direkte Einladung von Pasternak erfolgte, von einer Touristenreise. Pasternak reagierte entsetzt: »Du willst im Herbst hierherreisen. Tue es bitte nicht, verlege es auf ein Jahr. (...) Es wird so unmöglich, tödlich, unnatürlich und falsch sein, Dir so zu begegnen, wie es jetzt mir einzig zur Verfügung steht. Ich bin unfreier als je zuvor, im Sinne solchen Zusammentreffens.«

Renate Schweitzer wußte um die Unfreiheit ihres vermeintlichen Geliebten und wollte ihm helfen. Sie hatte genauestens die

Ereignisse um die Nobelpreis-Nominierung verfolgt und war zu der für sie natürlichsten Schlußfolgerung gekommen: In solch schweren Zeiten war ihr Platz an der Seite des verfolgten, gedemütigten Mannes. Als dieser ihren Besuch ausschlug, begann in ihr eine trotzig-wahnwitzige Idee zu reifen: Sie wollte auf ihre bundesdeutsche Staatsbürgerschaft verzichten und für immer nach Rußland gehen.

Pasternak warnte sie mit Nachdruck: »Gott behüte Dich von dieser Art des Wahnsinns, wähle Dir eine andere! Ich kenne keinen Fall der Rückkehr der einst ausgewanderten gebürtigen Russen, der nicht tragisch geendet hätte oder den die Beteiligten nicht nachher, wo es zu spät wurde, bitter bedauerten.« Spätestens in diesem Augenblick mußte ihm klar sein, was er hier angerichtet hatte. Renate Schweitzer war unsterblich in ihn verliebt.

Was hatte Pasternak zu dieser stilistischen Verirrung bewogen? Sicherlich spielte männliche Eitelkeit und Eroberungslust eine Rolle. Zudem war das Schreiben auf Deutsch eine spirituelle Rückkehr in seine Jugendzeit. Der springende Punkt war jedoch etwas anderes: Aufgerieben durch seine Lebenslüge zwischen zwei hysterischen Frauen suchte er eine risikofreie emotionale Nische, die dank des Eisernen Vorhangs nicht Alltag werden konnte. Diese papierne Liebe – Kierkegaard hätte sie als »erdichtete« bezeichnet – sollte seine letzte sein, denn er fühlte sich bereits dem Tode nahe. Die Schwärmerei für eine unbekannte deutsche Frau erinnert ein wenig an Tolstojs hoffnungslose Flucht aus Jasnaja Poljana.

Währenddessen knüpfte Renate Schweitzer die Beziehungen zu Peredelkino, dem Ort ihrer Träume, auch auf anderem Wege. Zu dieser Zeit arbeitete sie an einem Libretto für Max Baumanns Oper *Die Elixiere des Teufels* nach E. T. A. Hoffmann. Sie war im dritten Akt steckengeblieben und wandte sich, vielleicht um Inspiration zu schöpfen, um Rat an ihr Idol. In demselben Brief bat sie ihn in Baumanns Namen, das neue Musikwerk dem großen russischen Dichter Pasternak widmen zu dürfen.

Gleichzeitig hielt Schweitzer an ihren touristischen Reiseplänen fest und begann sogar, Russisch zu lernen. Pasternak gab schließlich auf. »Zum ersten Male«, schreibt er am 25. Januar 1960, »habe ich Deine Annahme, Du mögest im Frühjahr kommen, ohne Aufregung und Besorgnis aufgenommen, mit ruhiger, leicht verständlicher Freude. Du wirst kommen und uns in Peredelkino besuchen. Du wirst meine Frau (...) kennenlernen und das Haus und das Leben im Hause. (...) Dann werde ich Dich zu der O. führen. Keine Enttäuschung, nichts zwanghaft Unnatürliches kann uns, kann jemanden von uns erwarten oder bedrohen.«

Kurz vor der geplanten Reise, über deren Zeitpunkt er nicht genau informiert war, unternahm Pasternak noch einen letzten verzweifelten Versuch, Renate Schweitzer von ihrem Ansinnen abzuhalten. Der diesbezügliche Brief traf jedoch in Berlin-Lankwitz ein, als die Frau, bepackt mit Geschenken, bereits im Schnellzug Berlin-Moskau saß.

5

Das letzte Lebensjahr von Boris Pasternak stand immer noch im Zeichen der Doppelexistenz. So feierte er seinen siebzigsten Geburtstag zweimal – am 10. Februar in der großen Datscha bei Sinaida und am 11. Februar bei Olga.

Zu der Geliebten kam der Jubilar diesmal auf dem kürzesten Weg über den zugefrorenen Teich. Olga hatte Brathuhn mit Krautsalat zubereitet – sie wußte, daß ihr Borja bereits am Vortag ein reichhaltiges Festessen zu sich genommen hatte. Weniger mäßig waren sie im Trinken. Vier Personen – Pasternak, Olga, Irina und Heinz Schewe – leerten zwei Flaschen Cognac Martell, vom Dichter als »Getränk der Götter« bezeichnet, und zwei Flaschen georgischen Mukusani-Wein. Diesmal blieb Pasternak bis zur Morgendämmerung bei Iwinskaja. Sowohl Alkoholkonsum als auch Schlaflosigkeit – wahrhaftig ein russisches Roulette in seinem Alter und bei seinem Gesundheitszustand.

Heinz Schewe berichtete von einer hervorragenden Geburtstagsstimmung. Möglicherweise sang Olga wie immer für Borja ihr Lieblingslied, das Lied vom Kosakenführer Stenka Rasin. In dieser Ballade geht es bekanntermaßen darum, daß der Ataman von seinen Gefährten wegen seiner zärtlichen Liebe zu einer persischen Prinzessin verspottet wird. Daraufhin wirft er seine Geliebte in den wogenden Fluß.

Renate Schweitzers Beschreibung zufolge verlief ihre Begegnung mit dem angehimmelten Dichter genau so, wie Pasternak dies vorgegeben hatte. Am Ostersonntag 1960 bestellte sie im Hotel Metropol ein Taxi und fuhr bei strahlendem Sonnenschein direkt zur Schriftstellersiedlung. Pasternaks Sommerhaus war für sie leicht zu finden. Es folgte eine Begegnung wie aus dem Bilderbuch:

»Frau Sina öffnete die Tür. Ich erkannte sie sofort – und auch sie verstand, wer ich war. Sie ließ mich eintreten, und wir gingen durch die große Küche, in der geschäftig das festliche Ostermahl vorbereitet wurde. Frau Sina konnte ein wenig Deutsch, und sie

134

war lieb und freundlich zu mir. Sie trug ein einfaches schwarzes Kleid mit einem kleinen weißen Kragen. (...) Sie führte mich durch das Eßzimmer in den Musikraum, wo ich einen Augenblick warten sollte: Boris käme gleich. Ich saß auf der dunkelblauen Couch, mir gegenüber glänzte der schwarze Flügel, auf dem die kleine Silbervase stand, die ich Boris Pasternak zum Geburtstag geschickt hatte. Eine große Ruhe hatte sich meiner bemächtigt, jetzt, da ich das Ziel meiner Wünsche, wie etwas ganz Einfaches, Selbstverständliches erreicht hatte. (...) Ich wandte den Kopf zur Seite – und sah Boris Pasternak. Unbeweglich stand seine Gestalt in einer halbgeöffneten Tür. Wir sahen uns an und rührten uns nicht. (...) Zwei goldene Blitze, so schien es mir, flammten aus dem Schatten. Ich stand auf, und langsam kam er auf mich zu. Wir sprachen kein Wort, wir umarmten uns nur, als ob wir uns nach einer endlosen Trennung wiedersähen. Er sagte nichts, noch immer nichts.«

Alles weitere in diesem Hause verlief ohne Überraschungen, fast wie nach Drehbuch. Renate Schweitzer ging mit Pasternak hinauf in das Arbeitszimmer, Frau Sina brachte ihnen ein Tablett mit Kaffee, Osterkuchen und Matze. Ihr Gespräch drehte sich um den Roman, die Nobelpreisaffäre, das Gedicht »Der Nobelpreis«. Flüchtig war auch von Thomas Mann die Rede, dessen Spätwerk bei Pasternak auf Mißfallen stieß. Sie blieben einige Stunden zusammen und gingen dann zu Olga Iwinskaja. Die Ehefrau Sinaida schien nichts dagegen zu haben.

Der Besuch in Ismalkowo verlief weit weniger protokollarisch. Die beiden Frauen waren sich angeblich auf Anhieb sympathisch. Olga hatte unlängst ihr rechtes Bein gebrochen, Renate hingegen kurz vor der Reise ihr linkes Bein verrenkt – über den tragikomischen Zufall amüsierten sie sich. Pasternak spielte den Dolmetscher, saß in der Mitte, es wurde Wein getrunken, »wir sprachen, lachten und waren glücklich«. So sah es wenigstens der Gast aus Deutschland. Um vier Uhr brachen Pasternak und Renate auf, um rechtzeitig zu Sinaidas Osterfestmahl wieder in Peredelkino zu sein.

Dort ging es fröhlich zu. Schriftsteller und Künstler saßen am großen Tisch, ein Trinkspruch folgte dem anderen. Unter allgemeinem Gelächter wurden Anekdoten erzählt, man sprach über Politik und Literatur und konsumierte nebenbei Unmengen von Speisen und Getränken. Pasternak saß neben Renate und versuchte ihr alles zu übersetzen und zu erklären. Am Abend wurde sie von einem Schriftsteller im Auto nach Moskau zurückgebracht.

Pasternak und Renate planten, am Dienstagabend in Moskau gemeinsam ins Theater zu gehen. Der Dichter ließ jedoch im Hotel das Bühnenerlebnis absagen. Am Mittwoch fuhr Renate Schweitzer, die auch das gewöhnliche Touristenprogramm absolvierte, wieder nach Peredelkino. Es kam zu einer gemeinsamen Mahlzeit und dem Abschied im Arbeitszimmer des Dichters. Dann erfolgte die tränenreiche Abreise. Ein Wiedersehen im Juni wurde fest vereinbart.

6

Entweder wollte Frau Schweitzer in ihren Erinnerungen taktvoll bleiben, oder im Rauschzustand war ihrer Aufmerksamkeit einiges entgangen.

»An einem strahlenden Ostertag«, so erinnerte sich Iwinskaja, »saß Renate an unserem Tisch in hellem Entzücken, Pasternak zu sehen, mit dem sie mehr als zwei Jahre korrespondiert hatte. Sie versuchte immer wieder, ihn zu küssen. (...) Borja, in seiner blaugrauen Lieblingsjacke, war besonders charmant, frisch und strahlend. Es war sehr komisch, wie er linkisch Renates Zärtlichkeiten abwehrte; sie war außerstande, ihre Gefühle zu zügeln. ›Unverschämte Person!‹, sagte Borja auf russisch, er tat, als ärgere ihn Renates Getue, er fürchtete, ich könnte eifersüchtig werden.«

Wahrscheinlich kam es auch zu einem richtigen, vom Alkohol verschärften Eifersuchtsausbruch. Einige Stunden später nämlich, als er sich bereits von dem deutschen Gast verabschiedet hatte, kam Pasternak wieder über die Holzbrücke. »Er fiel auf die Knie und sagte schluchzend: ›Oljuscha, Gott wird mir nie verzeihen, daß ich dich verstimmt habe, weil ich mit dieser Renate so freundlich war. Ich will sie nie wiedersehen. Und wenn du willst, schreibe ich ihr auch nicht mehr.‹« Für die Tiefe des Konflikts spricht die Tatsache, daß Pasternak auf das Thema mehrmals zurückkam. Am nächsten Tag sagte er beschwörend: »Oljuscha, du glaubst doch nicht, daß ich krank werde zur Strafe wegen dieser Renate ...« Der Streit wurde zunächst beigelegt, tauchte jedoch später in einem Brief an Olga wieder auf. Pasternak schrieb am 30. April auf dem Krankenbett: »Diese Krankheit kommt mir wie eine Gottesstrafe vor, weil ich zu zärtlich mit Renate war.«

»Diese Krankheit« war jener zunächst unerkannte Lungenkrebs und der spätere Herzinfarkt, die Pasternaks einmonatigen Todeskampf einleiteten und Olga Iwinskaja für immer von ihm trennten.

SECHSTES KAPITEL

Der verhinderte Abschied

1

Am 14. November 1959 schrieb Boris Pasternak an Jacqueline de Proyart in Vorahnung seines Todes einen Brief, der unter anderem eine Art Vermächtnis enthielt:

»Ich möchte, daß Feltrinelli, koste es, was es wolle, meinen Leichnam den sowjetischen Behörden abkauft, um ihn in Milano zu bestatten. O. soll die Grabstätte pflegen. Dies ist wohl mein letzter Wille.« Dieser Wille blieb allerdings unerfüllt. Eine solche Bestattung wäre weder für die sowjetischen Behörden noch für die Familie des Dichters akzeptabel gewesen.

Es gab noch eine andere Willensäußerung, die Olga Iwinskaja und ihre Familie betraf. Böses ahnend, bat er den Journalisten Edward Crankshaw kurz vor seinem Tod: »Wenn – was Gott verhüten möge – Olga verhaftet werden sollte, werde ich Ihnen ein Telegramm mit der Mitteilung senden, daß jemand an Scharlach erkrankt ist. Sollte dies eintreten, so müssen alle Glocken Sturm läuten, als ginge es um mich, denn jeder Angriff auf Olga ist in Wirklichkeit ein gegen mich geführter Schlag.«

Eine tödlich endende Krankheit ist nicht nur die Geschichte des Kranken, sondern auch die seiner Umgebung. Beim Ableben eines Prominenten in Rußland verhalten sich die Familienmitglieder und engsten Freunde wie ein Krisenstab. Sie schirmen den Sterbenden ab und dosieren die Informationen nach außen. Nie ist so deutlich wie in dieser Vortrauerzeit, wer zum engsten Kreis dazugehört und wer nicht. Im Zweifelsfall entscheidet der Sterbende darüber, von wem er Abschied nehmen möchte. Erst in den Stunden nach dem Tod gehört der gewaschene und angezogene Verstorbene einer breiteren Öffentlichkeit. Jeder, der sich mit dem Verblichenen verbunden fühlt, hat das natürliche Recht, an seinem aufgebahrten Leichnam vorbeizudefilieren. Trauerredner werden jedoch wieder vom engsten Kreis auserkoren.

Diese Formalitäten zu kennen ist wichtig, wenn man sich die Situation von Olga Iwinskaja im Mai und Juni 1960 vergegenwärtigen will. Zu Pasternaks aktiven Lebzeiten wurde ihre Art der Zusammengehörigkeit von der Außenwelt de facto anerkannt. Das Doppelleben des Dichters war für niemanden ein Geheimnis, die Interessensphären von Olga und Sinaida galten zeitlich und räumlich als exakt abgegrenzt. Allerdings befanden sich Arbeitszimmer und Bett Pasternaks in der großen Datscha. Angesichts seines Zustands geriet er nun endgültig in die Hand seiner Familie.

Olga Iwinskaja, die womöglich über den letzten Willen Pasternaks nicht unterrichtet war, spürte nur den krankheitsbedingten Machtwechsel, und sie versuchte mit allen ihr zur Verfügung stehenden Mitteln, den Kontakt zu dem Kranken aufrechtzuerhalten. Dabei war sie gezwungen, das zu respektieren, was Pasternak ihr gegenüber direkt geäußert hatte: Bei ihrem letzten gemeinsamen Gespräch am 23. April, als er ihr das Manuskript seines halbfertigen Bühnenstückes »Blinde Schönheit« übergab, hatte er gesagt, er fühle sich unwohl und wolle zunächst nicht besucht werden. Vier Tage später bestätigte er diese Instruktion:

»Unternimm keine eigenen Schritte, mich zu sehen. Es würde einen Aufruhr geben, den ich bei dem schlechten Zustand meines Herzens nicht aushalten könnte. Es würde mich umbringen. Sina in ihrer Torheit würde mir nichts ersparen.« Zur Beruhigung versprach er, »einen ständigen Kurierdienst einzurichten«. Mittwochs überbrachte Konstantin Bogatyrjow, der später unter verdächtigen Umständen ermordete Übersetzer des *Gruppenbild mit Dame* von Heinrich Böll, die Botschaften, sonntags nahm Wjatscheslaw Iwanow diese Rolle wahr. Gelegentlich erfuhr Olga Iwinskaja auch von der jungen Krankenschwester Marina etwas über Pasternaks Gesundheitszustand.

Nur in einem Ausnahmefall wäre Boris Leonidowitsch bereit gewesen, seine Freundin unangemeldet zu empfangen: Wenn sie das schon lang erwartete Geld von D'Angelo mitbrächte, welches auch für die »gesetzliche« Familie in dieser Zeit dringend nötig war. Aber das Geld kam nicht. So beschränkte sich Pasternak darauf, seine an Kassiber erinnernden Kurzbriefe und später, als er nicht mehr schreiben konnte, seine wörtlichen Mitteilungen an Olga zu übermitteln.

Iwinskaja war verzweifelt und wollte ihm helfen – sie fand einen Herzspezialisten und brachte ihn nach Peredelkino. Der Professor wurde hereingelassen, sie selbst mußte draußen vor der Tür bleiben. Dann besorgte sie ausländische Medikamente und gab diese Jewgeni, dem älteren Sohn Pasternaks. Er war freundlich zu ihr und sah ein, daß es grausam wäre, Olga Iwinskaja ohne Nachricht von Pasternak zu lassen.

Die Familie begründet die Ausgrenzung Iwinskajas bis heute damit, daß der Kranke sie nicht hätte sehen wollen. Später, als der Krebs mit den ausgedehnten Metastasen bereits festgestellt worden war und der nahe Tod unvermeidlich schien, will Sinaida ihren Mann direkt gefragt haben, ob sie nicht Olga kommen lassen solle. Er soll darauf mit einem eindeutigen Nein geantwortet haben – eine Legende, die sich bis heute hartnäckig hält.

Diese Version wurde selbst von grundanständigen und klugen Menschen wie Lidija Tschukowskaja oder Anna Achmatowa als gültig anerkannt. Vielleicht ist sie sogar wahr. Allerdings lassen die Erinnerungen von Sinaida Nikolajewna ihr damaliges Angebot in einem nicht ganz unproblematischen Licht erscheinen:

»Ich habe ihn mehrmals gefragt, ob er nicht die Iwinskaja sehen möchte und sagte zu ihm: ›Mir ist schon alles egal, ich kann sie und noch fünfzig weitere solcher Schönheiten zu dir kommen lassen.‹ Dennoch (sic! G. D.) hat er kategorisch Nein gesagt. Das konnte ich nicht begreifen. Ich dachte zuerst, er wolle mich vor seinem Tod nicht verärgern, deshalb bat ich Nina Alexandrowna (Tabidse, G. D.), ohne mein Wissen ein Treffen mit der Iwinskaja zu arrangieren. Er aber sagte Nina Alexandrowna, daß er dies nicht wolle und sie bitte, falls sie Iwinskaja sähe, keinen Kontakt mit ihr aufzunehmen.«

Nina Tabidse pflegte von Anfang an aus Solidarität mit Pasternaks Frau einen solchen Haß gegen Iwinskaja, daß sie einige Jahre zuvor den Staatsverlag hatte veranlassen wollen, Olgas Tabidse-Übersetzungen aus einer Anthologie der georgischen Poesie zu entfernen. Allein die Tatsache, daß Sinaida Nikolajewna ausgerechnet sie um das Herstellen eines Kontaktes zu Iwinskaja gebeten hatte, zeugt davon, daß ihr im Grunde eher an der Verhinderung einer Begegnung zwischen Pasternak und Olga Iwinskaja gelegen war.

Pasternaks Beerdigung auf dem Friedhof von Peredelkino im Juni 1960 war ein politisches Ereignis. Bestattungen von kritischen Intellektuellen gehörten in der Sowjetunion zu den seltenen Anlässen, wo Mitgefühl oder Solidarität ungestraft demonstriert werden konnten – zumindest in der Zeit nach Stalins Tod.

Der Nobelpreisträger Pasternak war in den Augen vieler ein Opfer des autoritären Staates, wenn nicht geradezu ein Held. Am Grab wurden zahlreiche Reden gehalten und Gedichte gelesen. Es erschienen etwa zweitausend Trauergäste, und auch der KGB war in Gestalt seiner Informanten anwesend.

Für Olga Iwinskaja war die Beerdigung die einzige Möglichkeit, sich von Pasternak verabschieden zu können. Nach wie vor wurde sie von der traumatisierenden Szene in der Leichenkammer zur Zeit ihrer ersten Verhaftung verfolgt, als sie es nicht gewagt hatte, den Sargdeckel über ihrem vermeintlich toten Geliebten abzuheben. Mit Sicherheit erinnerte sie sich in diesen Tagen auch an die Schilderung des Begräbnisses von Juri Schiwago:

»›Jetzt sind wir wieder vereint, Jurotschka. Gott hat es gewollt, daß wir uns unter diesen Umständen wiedersehen.‹ (…) Und sie sprach weiter, schluchzte und litt. Plötzlich erhob sie erstaunt den Kopf und blickte umher. Im Zimmer hatten sich schon längst wieder Leute eingefunden, die besorgt und unruhig waren. Sie stieg von dem kleinen Bänkchen herunter und trat wankend vom Sarge zurück. (…) So begann die Bestattung.«

In der beginnenden schwülen Junihitze fuhr Olga Iwinskaja zusammen mit Ariadna Efron nach Moskau, um sich ein Trauerkleid zu kaufen.

Kurz vor der Aufbahrung wurde Olga Iwinskaja dann endlich von der Familie des Toten gestattet, eine halbe Stunde lang mit Pasternak in der großen Datscha ungestört allein zu bleiben und Abschied zu nehmen. Dann kamen die Musiker herein; Maria Judina spielte Tschaikowski und Swjatoslaw Richter Beethoven auf dem Klavier. Einige Maler verfertigten Zeichnungen von dem Verstorbenen.

Die Pasternak-Familie wollte Zwischenfälle nach Möglichkeit verhindern – so warnte der Sohn Jewgeni Olga Iwinskaja und ihre Begleiter nachdrücklich vor einem etwaigen »Spektakel«. Dazu kam es nicht. Sinaida Nikolajewna bemerkte lediglich in ihren Erinnerungen, daß sie Iwinskaja, die dem Toten zu nahe gekommen sei, mit dem Ellbogen hätte wegschieben müssen. Es gibt zwei Fotos, auf denen sich beide Frauen gleichzeitig über Pasternaks Bahre beugen. Auf dem einen Foto weint Olga Iwinskaja, auf dem anderen hat sie einen leeren Blick. Hinter ihr steht Heinz Schewe – diesmal nicht als Journalist, sondern als Freund.

Eines scheint sicher zu sein: Nur ganz wenige Trauergäste waren bereit, sich Olga Iwinskaja persönlich zuzuwenden. Allein der rangälteste Vertreter der russischen Literatur, Konstantin Paustowski, küßte ihr die Hand, als wäre sie die Witwe. »Daraufhin brach sie in hysterisches Schluchzen aus«, berichtete Irina. Ein Augenzeuge gab ihre Worte wie folgt wieder: »Borja, verzeih mir, verzeih!« Wenn dieser Satz tatsächlich fiel, dann bezog er sich aller Wahrscheinlichkeit nach auf die Eifersuchtsszene wegen Renate Schweitzer, die für Pasternak der Anfang vom Ende war.

An diesem Tag gab es ein Begräbnis, aber an zwei Orten einen Leichenschmaus. Bei Sinaida gedachten die Prominenten, bei Olga Iwinskaja die weniger namhaften persönlichen Freunde des Toten. Am gedeckten Tisch las Olga ein soeben angekommenes Telegramm: »Komme unverzüglich, Sie zu umarmen, bei Ihnen zu sein, Ihr Freund Giangiacomo Feltrinelli.«

SIEBTES KAPITEL

Olgas zweite Lagerhaft

1

Zwei Tage nach Pasternaks Beerdigung meldete sich Dr. Chessin
vom Büro für Autorenrechte zunächst telefonisch, dann auch
persönlich in der Wohnung von Olga Iwinskaja. Bei dem Anruf
war er vielleicht noch allein, aber als er kam, brachte er einen
»schwarzäugigen, dicklichen Menschen im braunen Anzug« mit,
der sich als Mitarbeiter des Komitees für Staatssicherheit beim
Ministerrat der UdSSR vorstellte und sich für das Manuskript
des fragmentarisch gebliebenen Pasternak-Stücks »Die blinde
Schönheit« interessierte. Er sagte, er sei nicht an einer Kopie interessiert, sondern wolle das Original sehen. Iwinskaja holte
deshalb den Text von ihrer Nachbarin, und der KGB-Mann erklärte, er werde das Manuskript mitnehmen. Ihrem Protest begeg-
nete er mit Drohungen, die auf eine mögliche Verhaftung anspiel-
ten, und so verschwanden die ungebetenen Gäste schließlich
mitsamt dem Manuskript. Daß die Handlung des unvollendeten
Theaterstücks in den sechziger Jahren des 19. Jahrhunderts spielte, ließ dieses in den Augen der Geheimpolizei keineswegs harmlos erscheinen.

Der sofort um Hilfe und Rat gebetene Heinz Schewe empfahl
Iwinskaja, unverzüglich einen Brief an Giangiacomo Feltrinelli zu

schreiben und ergänzte diesen um eine eigene Botschaft. Die beiden erklärten dem Verleger, Iwinskaja verfüge zwar über Originaltexte und Archivdokumente Pasternaks, unter anderem über das Theaterstück »Die blinde Schönheit«, der jetzige Zeitpunkt sei jedoch zur Weitergabe der Texte, geschweige denn zu ihrer Veröffentlichung völlig ungeeignet. Iwinskaja sei auf Schritt und Tritt gefährdet. Sie teilten auch mit, ein Exemplar der »Blinden Schönheit« auf Druck dem Staatssicherheitsdienst ausgeliefert zu haben. Deshalb müßten sie das Stück nun zuerst einem staatlich-sowjetischen Verlag zur Publikation anbieten.

In demselben Brief wurde Feltrinelli unterrichtet, eine Vollmacht mit Datum vom 15. April, in der Pasternak Olga Iwinskaja als Besitzerin seiner Tantiemen benannt habe, sei bereits an ihn unterwegs. Sie würde ihm von D'Angelos Freunden überbracht. Der Brief ging am 6. Juni nach Mailand, wahrscheinlich auf diplomatischem Wege.

Der Italiener reagierte auf die Nachricht am 8. Juli. Er war in einiger Aufregung, denn er wußte, wer D'Angelos Freunde waren und ahnte Böses: Dieser Brief würde niemals ankommen. Er mahnte Olga Iwinskaja wiederholt, in Zukunft nur auf Heinz Schewe zu hören. »Ich bin nicht ruhig«, schrieb er in seinem holprigen Deutsch, »solange nicht ALLE Pasternaks Briefe, Manuskripte usw. im Westen sind. Ich werde alles versuchen, Zahlungen an dritte Personen zu vermeiden, sollte das nicht gelingen, sollte ich gezwungen sein, werde ich es immer nur so machen, daß ein substantieller Teil des Profits für Sie oder für Iritschka überbleiben wird.« Und ein leichter Vorwurf: »Die Schwierigkeiten sind nur jemals geschehen, wenn andere Leute, die ich oft nicht kannte, sich in unsere Beziehung hineingemischt haben.« Er schickte einen zerrissenen Liraschein im Briefumschlag mit und

150

bat, nur dem Besucher Vertrauen zu schenken, der imstande sei, die andere Hälfte der Banknote vorzuzeigen.

Feltrinellis Zweifel, daß Pasternaks Vollmacht ankommen würde, hing mit den besagten »anderen Leuten« zusammen. Bei diesen handelte es sich um das Ehepaar Garritano, dem Olga Iwinskaja die Vollmacht noch zu Pasternaks Lebzeiten, ungefähr im Mai, anvertraut hatte und die das wertvolle, in mehreren Sprachen verfaßte Dokument bei ihrer Reise in den sowjetischen Süden angeblich »verloren« hatten. Die Garritanos waren D'Angelos Nachfolger bei dem italienischsprachigen Sender des Moskauer Rundfunks, beide brave KP-Mitglieder, so daß ihre direkte oder indirekte Zusammenarbeit mit den sowjetischen Behörden nicht ausgeschlossen werden konnte.

Zudem war Iwinskaja mit dem dubiosen Ehepaar noch durch eine andere Geschichte verbunden. Im März oder April des Vorjahres hatten sie von der Straße aus angerufen und wollten mit Iwinskaja eine Begegnung vor dem Postamt in der Kirow-Straße arrangieren. Da diese wegen ihres gebrochenen Beines die Wohnung nicht verlassen konnte, mußte Irina, die sich gerade auf der Datscha in Ismalkowo befand, nach Moskau kommen. Am nächsten Tag erschienen sie und ihr Bruder Mitja vor dem Postamt und übernahmen einen Koffer, den sie in Pasternaks Anwesenheit zu Hause öffneten. 180 000 Rubel lagen darin, in Papiertüten verpackt. Der Dichter nahm ungefähr die Hälfte heraus und hinterließ das übrige ungezählt in der Potapow-Gasse.

Damals schienen solche Transaktionen – es gab mehrere dieser Art – durch Polikarpows Ermunterung (»und sei es im Sack, nur daß sich Pasternak beruhigt«) für Olga Iwinskaja einigermaßen in Ordnung zu sein. Doch wie sollte es nun, nach Pasternaks Tod, weitergehen? Und wie war die Konfiszierung seines Manuskripts einzuschätzen?

Einerseits mußte Iwinskaja jetzt vor jeder neuen Segnung des Westens Angst haben, andererseits spielte Feltrinelli in seinem Brief darauf an, daß sie unter Umständen nicht mehr als rechtmäßige Erbin Pasternaks betrachtet werden könnte. In dieser Situation konnte jeder neue Geldbetrag für sie der letzte sein.

2

Nachdem sie sich einige Tage bei Ariadna Efron in Tarussa erholt hatte, in dem Ort, von dem sie sich einst ein gemeinsames Leben mit Pasternak erhoffte, kam Iwinskaja nach Moskau zurück. Bald darauf, am 24. Juli 1960, feierte sie ihren Namenstag in Ismalkowo. Zu diesem Anlaß lud sie auch Heinz Schewe ein und übergab dem Journalisten eine Kopie der »Blinden Schönheit«, die sie bei Ariadna abgetippt hatte. Er sollte das Manuskript möglichst schnell nach Deutschland schaffen und dort bis auf weiteres in einem Safe deponieren. Iwinskaja und ihre Familie waren von Angst erfüllt und davon überzeugt, ständig abgehört, observiert und bespitzelt zu werden. Bei jedem Klingeln, ob an der Tür oder am Telefon, fuhren sie zusammen. Sie wußten, daß der KGB ihnen auf den Fersen war.

Als ziemlich naive Schutzmaßnahme heckten sie einen schnellen Eheplan aus. Irina sollte mit Georges Nivat, einem in Moskau studierenden jungen Franzosen, eine Zweckehe eingehen. Der Kontakt zu ihm bestand seit mehreren Monaten, jetzt aber lief Georges' Aufenthaltsvisum ab. So hatten sie es mit der Anmeldung beim Standesamt sehr eilig. Am geplanten Hochzeitstag lag Nivat krank im Botkin-Hospital, und die Ärzte erlaubten ihm nicht, das Krankenhaus zu verlassen. Möglicherweise wirkte hier nicht der KGB, sondern die strengen sowjetischen Spitalregeln. Vieles spricht dafür, daß er an Gürtelrose, einer als übertragbar geltenden Krankheit, litt und unter Quarantäne stand.

Als er endlich das Krankenhaus verlassen durfte, war kein rechtzeitiger Heiratstermin mehr zu bekommen. Dies konnte natürlich ein rein bürokratischer Zufall sein, für die Beteiligten jedoch war es ein böses Omen. Und dann geschah etwas nicht Zufälliges.

Am 10. August mußte Nivat abreisen, nachdem alle Versuche, sein Visum zu verlängern, gescheitert waren. Als der Bräutigam zum Flughafen Scheremetjewo kam, wurde er dort gefilzt, und man fand bei ihm einige Finnmark und polnische Zloty, die nach sowjetischen Zollbestimmungen als streng anmeldepflichtig galten. So mußte er nicht nur aufgrund der nicht verlängerten Aufenthaltsbewilligung ausreisen, sondern wurde darüber hinaus mit der fadenscheinigen Begründung eines Devisenvergehens auf unbestimmte Zeit des Landes verwiesen.

Das eigentlich tragische unheilverkündende Ereignis vollzog sich jedoch vier Tage früher. Am 6. August erschien nach einer mit Sicherheit abgehörten telefonischen Anmeldung in der Potapow-Gasse das Ehepaar Benedetti. Sie brachten als Boten von Sergio D'Angelo in einem großen Koffer 500 000 Rubel mit – dieser Betrag sollte als erste Rate jener 100 000 Dollar dienen, die der Italiener im Auftrag Pasternaks von dessen Konto abgehoben hatte. Das Touristenpaar hatte die Rubel aus Italien in seinem Auto in die Sowjetunion eingeführt. Dies war ein eindeutiger Verstoß gegen die sowjetischen Gesetze, eigentlich auch gegen die italienischen. Was jedoch dort als simples, womöglich mit einer Geldstrafe geahndetes Zollvergehen durchgegangen wäre, wurde in der Sowjetunion mit dem Gulag bestraft.

Am 5. Mai 1960 hatte Nikita Chruschtschow auf einer Sitzung des Obersten Sowjets eine umfassende Währungsreform angekündigt. Den Plänen entsprechend sollte der Rubel zum 1. Januar 1961 durch eine Erhöhung des Goldwertes und die Ausgabe neuer Zahlungsmittel um das Zehnfache abgewertet werden. Infolge dieser eher propagandistischen und finanztechnischen Maßnahme kam es zu einer zeitweiligen Schwemme des Rubel auf dem westeuropäischen Geldschwarzmarkt. Vor allem sowjetische Botschaftsangehörige waren brennend daran interessiert, ihre überzähligen sowjetischen Zahlungsmittel loszuwerden. Sie trachteten bereits in dem Moment, als sie vom Plan einer Währungsreform hörten, danach, ihren knappen Devisenbestand durch Schwarztausch aufzubessern. Möglicherweise hatte sich D'Angelo in das blühende Geschäft eingeschaltet.

Ich bin sicher, daß Olga Iwinskaja über die bevorstehende Emission von neuen Rubelscheinen Bescheid wußte. Außerdem war eine solch riesige Summe schon deshalb verfänglich, weil soviel Bargeld in einem durchschnittlichen sowjetischen Haushalt sonst niemals vorhanden war, und bei einem Umtausch in der Staatsbank wäre unbedingt nach der Herkunft des kleinen Vermögens gefragt worden. Iwinskaja betrachtete fasziniert die mit Sicherheitsnadeln zusammengefügten Geldscheinbündel, die größte Summe ihres Lebens, doch gleichzeitig wußte sie, wonach eine solche Transaktion roch. Ihre erste Reaktion war der Versuch, die Lieferung zurückzuweisen, doch die Italiener protestierten mit Händen und Füßen. Sie hatten keine Lust, mit diesem Koffer hochexplosiven Inhalts wieder durch Moskau zu spazieren, und sie atmeten auf, als sie endlich die Wohnung verlassen konnten.

Olga, Irina und Mitja hingegen machten sofort Anstalten, die Geldscheine irgendwie loszuwerden. Sie hätten mit dem Geld ohnehin fast nichts anfangen können, außer es zu besitzen – vielleicht als Trost für Pasternaks Tod. Verteilt auf verschiedene Taschen transportierte Iwinskaja einen Teil des Geldes an drei verschiedene Adressen, um es dort aufzubewahren. Es blieb jedoch immer noch so viel übrig, daß sie sich nicht entscheiden konnte, ob sie ein Häuschen außerhalb der Stadt kaufen oder mit ihrer Familie gemeinsam in den Urlaub fahren sollte. Schließlich erstand sie für Mitja ein Motorrad der sowjetischen Marke »Kowrowez 175« und dann für sich einen polierten Kleiderschrank.

Als Olga und Mitja mit einem gemieteten Lastwagen den alten, nun überflüssig gewordenen Kleiderschrank nach Ismalkowo brachten, warteten vor der Datscha bereits die Dienstwagen des KGB. Sofort begannen sie mit der Hausdurchsuchung. Offensichtlich wurde nach Geld gesucht, und es wurden Dokumente und Briefe beschlagnahmt. Nachdem ein Abschlußprotokoll angefertigt worden war, wurde Olga Iwinskaja am späten Nachmittag festgenommen und in die Lubjanka gebracht.

Eine andere Truppe durchsuchte die Wohnung in der Potapow-Gasse, wo sich Irina aufhielt, die wegen einer Hautkrankheit das Haus hütete. Sie wurde nach Geld gefragt und einer Leibesvisitation unterzogen, was unter anderem bedeutete, daß man die Verbände von ihren Wunden entfernte. An diesem Tag wurde sie noch nicht verhaftet, doch man nannte ihr den Grund für die Verhaftung ihrer Mutter: Olga Iwinskaja sei verdächtig, eine Straftat im Sinne des Paragraphen 15 des sowjetischen Strafgesetzbuches begangen zu haben. Das entsprechende Delikt hieß: Schmuggel.

3

Zur Wahrheit gehört, daß sich eine Verhaftung in der Sowjetunion im Jahre 1960 erheblich von einer im Jahre 1949 unterschied. Formalitäten wurden peinlich genau beachtet, die Verdächtigen wurden auf ihre Rechte aufmerksam gemacht, Familienangehörige durften Lebensmittel in die Untersuchungshaftanstalt bringen, und nach Abschluß des Ermittlungsverfahrens war auch Briefwechsel zugelassen.

Andererseits dürfen wir nicht vergessen, daß die Verhaftung am 16. August 1960 für Iwinskaja die Wiederholung einer Katastrophe bedeutete – mit dem Unterschied, daß sie jetzt elf Jahre älter war und vor zweieinhalb Monaten ihren Lebensgefährten verloren hatte. Allein dieser Sachverhalt war Grund genug, daß sie nicht nur das von ihr erwartete Geständnis – auch zum Nachteil von Familienangehörigen – restlos ablegte, sondern daß sie sofort zum geradezu willenlosen Instrument des Apparats wurde.

Während sie bei ihrem ersten Prozeß mit politischen Anschuldigungen gegen Pasternak konfrontiert war und ihren Geliebten verteidigen zu müssen meinte, was ihr vielleicht zusätzlich Kraft gab, mußte Iwinskaja während des zweiten Gerichtsverfahrens schockiert feststellen, daß hier Politik eine untergeordnete Rolle spielte. Der Name des Dichters wurde respektvoll und vorsichtig von den Verhörern genannt, und allmählich entstand ein Konstrukt, das die historische Wahrheit so zurechtgebogen hatte, als sei sie, Olga Iwinskaja, der böse Geist gewesen, der den naiven und entscheidungsunwilligen Dichter Pasternak verdorben habe. Durch ihren Antisowjetismus, durch Anbiederei gegenüber dem Westen und durch ihre Geldgier habe sie ihn auf den falschen Weg gebracht.

Der Straftatbestand konnte leicht festgestellt werden. Bereits nach den ersten Verhören fand man beinahe restlos die schlecht versteckte halbe Million Rubel, deren Weg ohnehin durch Beschattung und Abhörmaßnahmen nachvollzogen werden konnte. Die beschlagnahmten Dokumente und Briefe boten einen klaren Einblick in die Geldgeschäfte und Verfügungen Pasternaks, deren Fäden in Iwinskajas Hand zusammenliefen. Vor allem wurden die »konspirativen Kontakte« zu Ausländern – Feltrinelli, D'Angelo, Schewe, Ruge und die reisenden Italiener – aufs Korn genommen.

Der am 5. September verhafteten Tochter Irina und den zahlreichen Zeugen, allesamt sowjetische Staatsbürger, blieb nicht viel mehr übrig, als Iwinskajas Aussagen zu bestätigen. Es war eine reine Routineangelegenheit, die verstreuten Tatsachen dem Paragraphen des Strafgesetzbuches »Über die strafrechtliche Verantwortung für Vergehen gegen den Staat« zuzuordnen. Die Verfertigung der Anklageschrift schließlich war nur noch eine redaktionelle Angelegenheit.

Olga Iwinskaja wurde angeklagt, weil sie sich »in den Jahren 1959/60 aktiv beteiligte an Machenschaften, um auf ungesetzlichen Wegen Pasternak-Honorare zu bekommen, sowohl in Form von hohen Geldsummen in sowjetischer Währung als auch in Form von Wertgegenständen, die über die Grenzen der Sowjetunion gebracht wurden. Die in diese illegalen Kontakte mit Ausländern (…) verstrickten O.W. Iwinskaja und I.I. Jemeljanowa wurden im August/September 1960 durch das Komitee für Staatssicherheit (KGB) beim Ministerrat der Sowjetunion verhaftet, weil sie gegen die Zollgesetze verstoßen hatten, indem sie hohe Summen von Geld in sowjetischer Währung und Wertgegenstände angenommen hatten, die von Ausländern aus kapitalistischen Ländern hergebracht worden waren.« Die Summe der

»illegal« erworbenen Honorare wurde auf insgesamt 818 000 Rubel geschätzt.

Das Moskauer Kreisgericht befand in seinem Urteil vom 7. Dezember 1960, daß für Konterbande von derartigem Ausmaß Olga Iwinskaja acht Jahre Arbeitslager, Irina Jemeljanowa vier Jahre Arbeitslager verdient habe. Die Tochter kam bereits 1962, die Mutter erst 1964 frei.

Eine Rehabilitierung erfolgte im Oktober 1988. Im selben Jahr wurde Pasternaks Roman *Doktor Schiwago* in vier Ausgaben der Moskauer Zeitschrift *Novyj Mir* veröffentlicht. Die Auflagenzahl erreichte eine Million. Unten auf der ersten Seite stand die Anmerkung: »Copyright by Giangiacomo Feltrinelli, 1957«.

4

Bei aller formellen Rechtmäßigkeit war das Verdikt vom 7. Dezember 1960 auch nach geltendem sowjetischem Recht substantiell fragwürdig.

Erstens wurde hier mit Iwinskaja eine Person zur Hauptangeklagten erkoren, die bewiesenermaßen nur die Aufträge einer anderen Person ausgeführt hatte. Zweitens wurden in das Verfahren Personen nicht einbezogen, die die Durchführung dieser Aufträge initiiert und technisch verwirklicht hatten. Weder Feltrinelli noch D'Angelo wurden vorgeladen, und Heinz Schewe wurde die Anwesenheit beim Prozeß sogar untersagt. Dieser Widerspruch fiel auch den Verteidigern auf. »Wenn es irgendwo Schmuggler gibt, so befinden sie sich nicht in diesem Saal. Den Tatbestand eines Vergehens gibt es nicht«, sagte einer von ihnen.

Dem KGB als Erfinder des Prozesses muß dessen dubioser Charakter bewußt gewesen sein. Dafür spricht die Tatsache, daß das Verfahren praktisch geheim blieb. Diese Anklage konnte man keiner internationalen Öffentlichkeit plausibel machen. Warum aber hatten sich die Behörden oder die zuständigen Parteiinstanzen auf einen propagandistisch so wenig profitablen Prozeß eingelassen?

Wahrscheinlich spielten Rachegelüste von Teilen des Machtapparates und auch von seiten parteitreuer Literaten eine nicht unwesentliche Rolle. Letztere hatten auf ihren stürmischen Versammlungen gefordert, den »Judas« zu vertreiben. In der Folgezeit blieb dieser nicht nur im Lande, sondern konnte auch noch märchenhafte Honorare in Empfang nehmen. Wenn »Verrat« so ein lukratives Geschäft war – was sollte dann andere potentielle »Verräter« von ähnlichen Handlungsweisen zurückhalten?

Selbstverständlich lauerte hinter solchen Gedankengängen die stalinistische Fronde, die die Publikation des *Doktor Schiwago* im Westen für eine direkte Folge des »liberalen« Kurses des XX. Parteitags der KPdSU hielt. Und in einer Hinsicht hatten die Betonköpfe recht: Praktisch war das System – besonders nach dem Präzedenzfall Pasternak – vor Überraschungen dieser Art nicht mehr gefeit. Andrej Sinjawski, Julij Daniel und Valeri Tarsis hatten unter dem Eindruck der Affäre Pasternak ihre Manuskripte nach und nach für die illegale Westpublikation freigegeben. Außerdem trieb der Samisdat seine ersten Blüten.

Die Auswahl des Opfers war nicht zufällig. In Iwinskaja traf die Justiz auf eine Person, die außerhalb des Kreises um Pasternak kaum jemand kannte, die vorbestraft und nicht rehabilitiert war und in ihrem zweifelhaften Status einer Sekretärin und Geliebten als Zielscheibe allerlei »moralischer« Anfeindungen dienen konnte. Mit ihrer leichtsinnigen Handhabung finanzieller Angelegenheiten und durch ihre allzu demonstrativen Auslandskontakte hatte sie zudem selbst Gefahren heraufbeschworen.

Diese Kalkulation der Konstrukteure des Iwinskaja-Prozesses erwies sich innerhalb der Sowjetunion als richtig. Olga Iwinskaja sollte es niemals gelingen, in den erlauchten Kreis der Märtyrer des Systems aufzusteigen. Dennoch mußte die sowjetische Kulturpolitik sehr bald nach der Hauptverhandlung eine diplomatische Offensive starten, um Solidaritäts- und Protestaktionen für die inhaftierten Frauen – Pasternaks »Geiseln« – einzudämmen.

5

Die sowjetischen Behörden waren daran interessiert, die Verhaftung von Olga Iwinskaja und ihrer Tochter der internationalen Öffentlichkeit möglichst spät zur Kenntnis zu bringen. Es stand eine große politische Aktion bevor: Nikita Chruschtschow fuhr im September auf dem Schiff »Baltika«, mit den Parteichefs aller Bruderländer an Bord, zur UNO-Vollversammlung nach New York und hielt dort eine flammende Rede gegen den Kolonialismus. Er traf sich mit Fidel Castro, der nur als Privatperson in die USA einreisen durfte und sich deshalb in diesen Tagen in einem billigen Harlemer Hotel aufhielt. Chruschtschow stand im Mittelpunkt der Medienaufmerksamkeit, und als er aus Protest gegen kritische Zwischenrufe während der UNO-Vollversammlung seinen linken Schuh auszog und damit aufs Rednerpult schlug, brachte dieses Spektakel ihm nur propagandistische Pluspunkte ein. Wen interessierte schon das Schicksal von zwei unglücklichen Frauen in Moskau?

Die Nachrichtensperre schien relativ gut zu funktionieren. Zumindest wußte D'Angelo offensichtlich einiges nicht, als er Mitte September 1960 als Tourist in Moskau eintraf und die zweite Rate der mit Pasternak ausgemachten Zahlung, 500 000 weitere Rubel, in der Wohnung in der Potapow-Gasse übergeben wollte. Dort traf er auf Mitja und eine fremde Frau, deren Stimme derjenigen Irinas ähnlich war. Mitja ließ ihn durch die Blume wissen, daß die Transaktion hier und jetzt nicht stattfinden dürfe, womit sich der junge Mann in den Memoiren der Mutter das Lob »er war ganz auf der Höhe« verdiente. Es fragt sich, ob D'Angelo ebenfalls ganz auf der Höhe war.

Die Proteste der freien Welt gegen Iwinskajas Inhaftierung begannen erst nach Abschluß des Prozesses. Vor allem erhoben Nobelpreisträger wie Ernest Hemingway sowie prominente Autoren wie Alberto Moravia, Graham Greene und Juan Goytisolo ihre Stimmen. Auch David Carver, Präsident des PEN International, einer Organisation, mit der die Sowjetunion gute Beziehungen entwickeln wollte, protestierte. Chruschtschow schien persönlich beunruhigt zu sein, denn er beauftragte mit der Gegenkampagne seinen Schwiegersohn, den sowjetischen Spitzenjournalisten Alexej Adschubej, und den Schriftstellerfunktionär Alexej Surkow.

Am 24. Januar 1961, nachdem das englischsprachige Programm vom Radio Moskau einen Beitrag über das Gerichtsurteil zweimal hintereinander gebracht und damit eine ziemliche Empörung beim britischen Zielpublikum ausgelöst hatte, empfing Surkow einige Korrespondenten der westlichen kommunistischen Presse. Am nächsten Tag zitierte ihn die französische KP-Zeitung *Humanité*:

»Ich habe mit dem öffentlichen Ankläger und dem Richter gesprochen ... Es handelt sich um illegalen Valuta-Verkehr. Pasternak, der ein großer Dichter war, hat damit nichts zu tun. All dieser Lärm beleidigt das Andenken des Schriftstellers. Wenn man im Ausland sein Andenken ehren will, darf man seinen Namen nicht beschmutzen, nur weil er eine Abenteurerin zu seinen Freunden zählte. Wir wollen uns nicht in diese Angelegenheit einmischen, da sie weder mit Politik noch mit Literatur etwas zu tun hat.«

Äußerungen dieser Art zeigen die Flexibilität stalinistischen Zynismus. Schließlich war Surkow einer der Einpeitscher der Haßkampagne gegen Pasternak gewesen und hatte mit Iwinskaja, als diese im August 1957 stellvertretend für den Autor im Schriftstellerverband erschien, in einem ätzenden, beleidigenden Ton gesprochen. Nun lag es im Interesse des Apparats, Pasternak weißzuwaschen, denn der Kampf mit einem toten Nobelpreisträger erschien sinnlos. Die Injurien gegen die inhaftierte Frau gingen indes weiter.

Im März 1961 machten Surkow und Adschubej während einer Vortragsreise einige Prozeßdokumente publik, um die westliche Öffentlichkeit umzustimmen. Der bereits zitierte Brief von Feltrinelli (8. Juli 1960) sollte den Schein eines Komplotts, der von ihm als Erkennungszeichen geschickte halbe Liraschein eine Assoziation mit Spionage hervorrufen. Wie in den »klassischen« sowjetischen Schauprozessen argumentierte man auch hier mit dem Schuldgeständnis der Angeklagten, und schließlich reichten die Genossen ein Foto mit gebündelten Rubelscheinen herum – ein Beleg für Iwinskajas Habsucht.

Der Druck des Protestes mußte die beiden Reisenden überrascht haben. Hiervon zeugt die Tatsache, daß Surkow »einem nahen und einflußreichen Freund Pasternaks« (Sir Isaiah Berlin, G. D.) versprach, Olga Iwinskaja werde sich in wenigen Monaten auf freiem Fuß befinden. Dieses diplomatische Zugeständnis ging den sowjetischen Behörden offensichtlich zu weit. Am 3. April erhielt der PEN-Präsident David Carver ein Schreiben von Surkow, in dem dieser jedes Zugeständnis zurücknahm und zum propagandistischen Gegenangriff überging.

Surkow bezeichnete Iwinskaja in diesem Brief als »skrupellose Abenteuerin«, die »ihr intimes Verhältnis zu Pasternak an die große Glocke gehängt hat. Trotz ihres fortgeschrittenen Alters hatte sie gleichzeitig und häufig mehrere Verhältnisse mit anderen Männern. (...) Konstantin Simonow erzählte mir, er habe die Iwinskaja aus der Redaktion der Zeitschrift *Novyj Mir* entlassen müssen, weil sie in einem Büro mit einem Mann ertappt worden sei ...« Diese männlich-schweinische Desavouierung der Frau versucht er angesichts der Tatsache, daß er es mit einem Kulturmenschen zu tun hat, mit der kavalierhaften Floskel abzuschwächen: »Es ist mir sehr unangenehm, all das über eine Frau schreiben zu müssen, doch sollten die, die sie in Schutz nehmen, wissen, um was für eine Person es sich handelt ...«

Nun meldeten sich die Ausländer, die im Prozeß erwähnt, aber nicht vorgeladen worden waren. Georges Nivat sagte den *Irish News* am 25. Januar 1961, Olga Iwinskaja hätte ohne Instruktion durch Pasternak niemals einen einzigen Schritt getan. Sergio D'Angelo leugnete jeden Anteil Iwinskajas an Pasternaks Entscheidungen. In bezug auf das Geschäft, das Anlaß für die Verhaftung gewesen war, bezweifelte er sogar ihre Mitwisserschaft (*Sunday Telegraph*, 7. Mai 1961). Feltrinelli betonte in der *Avanti*, die Zustellung der Honorare unter Umgehung der sowjetischen Staatsbank sei auf ausdrücklichen Wunsch des Autors geschehen, der Iwinskaja als rechtmäßige Empfängerin bezeichnet habe. Heinz Schewe sagte zu Olgas Entschuldigung, man habe sie »in eine Situation gezerrt, der sie nicht gewachsen war.« (*Der Spiegel*, 10. März 1961)

Alle diese Bemühungen, die Frau auf Kosten des toten Pasternak zu entlasten, waren verständlich, wenn man die Zeit und die Umstände berücksichtigt. Sie bestätigten die Vermutung, daß es sich hier, zurückhaltend ausgedrückt, um einen Justizirrtum handelte, entsprachen jedoch nicht ganz der Wirklichkeit. Olga Iwinskaja – und dies sei nicht als Beschuldigung, sondern als kritische Anmerkung zu verstehen – hatte mehrmals die Grenzen ihrer Zuständigkeit überschritten und auf eigene Faust politische und finanzielle Entscheidungen stellvertretend für Pasternak getroffen. Besonders verhängnisvoll war ihr Gespräch mit dem Kulturkommissar Polikarpow, geprägt von dessen Zweideutigkeit (»und sei es im Sack, nur damit Pasternak sich beruhigt«).

6

Nun war es endgültig zu spät, über vergangene Fehler nachzudenken. Irina Jemeljanowa beschreibt in ihren Erinnerungen eindrucksvoll den Weg ins Arbeitslager. Bei minus 30 Grad stiegen sie aus dem vollgestopften Gefängniszug, den Iwinskaja bereits kannte. Sie befanden sich auf dem Weg in die Verbannung. Die erkrankte Tochter ertrug den Gewaltmarsch in das Lager schwerer als die Mutter. Diese bat das Wachpersonal, Irina in irgendeiner Weise zu helfen. Einer der Wachsoldaten spottete daraufhin:

»Was? Um ein Verbrechen zu begehen, war sie gesund genug, aber für die verdiente Strafe ist sie plötzlich zu krank ...«

Und aus Olga brach es heraus:

»Ihr Schweine! Ihr Schurken! Habt ihr je den Namen Pasternak gehört? Habt ihr den *Doktor Schiwago* gelesen? Wißt ihr eigentlich, wer Lara ist?«

Alles, was an Olga Iwinskaja falsch und echt war, hat sie in diesem Wutausbruch exakt zum Ausdruck gebracht.

Epilog

Am 2. November 1964 wurde Olga Iwinskaja aufgrund einer Begnadigung durch den Obersten Sowjet aus dem Lager Potjma bei Saransk in Mittelrußland vorzeitig entlassen. Sie hatte ungefähr die Hälfte ihrer Strafe verbüßt. Irina war bereits seit Frühjahr 1962 auf freiem Fuß. In der Zwischenzeit hatte sie, ebenso wie ihr Bruder Mitja, geheiratet.

Es war nicht leicht für die zweiundfünfzigjährige Olga Iwinskaja, wieder Arbeit zu finden und ihr Dasein ohne den Dichter mit Inhalt zu füllen.

Sie bezog eine neue kleine Wohnung in der Nähe des Moskauer Sawjolow-Bahnhofs und mietete eine Datscha in Lugowoje, auf der sie die Wochenenden verbrachte. Ihre Einsamkeit teilte sie mit neun Katzen und vier Hunden.

In den sechziger Jahren erlebte sie noch eine herbe Enttäuschung. Der Staat, der den Roman *Doktor Schiwago* als literarische Erscheinung stets negiert hatte, war plötzlich interessiert daran, ihn als legale Geldquelle zu akzeptieren. Auf einmal erinnerte man sich, daß der Autor seinerzeit einen Teil seines Geldes dem Friedensrat angeboten hatte, was damals mit heiliger Empörung zurückgewiesen worden war. Die Familie Pasternak begann nun für ihre Erbrechte zu kämpfen. Sie wollte sowohl das Archiv des Dichters als auch die noch fälligen Honorare bekommen. Der KGB teilte die 1960 bei Iwinskaja beschlagnahmten Dokumente unter verschiedenen sowjetischen Archiven und Museen auf. Das Geld war noch vorhanden, aber weder über Summe noch Fundort gab es eindeutige Hinweise.

Olga Iwinskaja hoffte als Rechteerbin auf Tantiemen in Höhe von ungefähr vier Millionen Dollar. Allerdings fehlte ihr die rechtlich verbindliche Legitimation von seiten Pasternaks. 1967 wurde der Rechtsstreit vor einem sowjetischen Gericht ausgetragen. Man stellte fest, daß die Summe der fälligen Honorare für den *Doktor Schiwago* zu dieser Zeit 330 000 Dollar ausmachte – angesichts der Verfilmung des Buches eine unglaublich niedrige Summe. Von diesem Geld wurden Iwinskaja 24 000 Dollar zugeteilt, die sie in Rubel ausgezahlt erhielt. 6000 Dollar von der Gesamtsumme flossen als freiwillige Spende – ebenfalls in Rubel – in die Kasse des sowjetischen Friedensrates, alles andere ging an die Familie Pasternak. Diesen späten Triumph der relativen Gerechtigkeit hat Sinaida Nikolajewna nicht mehr erlebt. Sie starb 1966 in Peredelkino und wurde neben ihrem Gatten beigesetzt. Das Gezänk um den Nachlaß kulminierte im März 1972, als Giangiacomo Feltrinelli unter mysteriösen Umständen ums Leben kam.

1978 machte der Name Iwinskaja noch einmal die Runde um die Welt. Ihre Memoiren waren zuerst in Frankreich und dann in mehreren Dutzend Ländern erschienen. Gleich nach der Veröffentlichung des *Doktor Schiwago* 1988 in der Sowjetunion wurden Olga Iwinskaja und ihre Tochter rehabilitiert. Die letzten Jahre der alten Dame waren von hoffnungslosen Kämpfen um Pasternaks beschlagnahmte Archivalien mit den Behörden und der Familie des Dichters geprägt. Zuletzt wandte sie sich in dieser Angelegenheit an Präsident Jelzin – ohne Ergebnis.

Olga Wsewolodowna Iwinskaja starb im September 1995 in Moskau. Ihre Tochter Irina lebt in Paris. Deren Ehemann Wadim Kosowoj ist kürzlich verstorben, ihr inzwischen erwachsener Sohn wurde auf den Namen Boris getauft.

Die Zeitung *Iswestija* schrieb in einem Nachruf, der in zwei schmalen Spalten gedruckt wurde: »Es ist nicht leicht, in Rußland die Muse eines Dichters zu sein.«

Berlin, März/Mai 1999

Anhang

Nachwort

Als Erzähler des Lebens von Olga Iwinskaja muß ich zugeben, daß ich diese Rekonstruktion in manchen Punkten als äußerst schwierig empfinde. Dies liegt daran, daß einige wichtige Quellen fehlen, andere nur teilweise zugänglich sind.

Vor allem weiß man zu wenig über das Leben von Olga Iwinskaja aus der Zeit, bevor Pasternak darin eine Rolle spielte. In diesen Tagen erscheint in Moskau ein Gedichtband von Iwinskaja, herausgegeben von der Tochter Irina Jemeljanowa und dem Sohn Dmitri Winogradow. Im Vorwort zu diesem Buch finden sich einige biographische Neuigkeiten. Demzufolge hatte Iwinskaja in den dreißiger Jahren als junge Frau von adeliger – in der offiziellen Terminologie »klassenfremder« – Abstammung zunächst wenig Chancen, Literatur zu studieren. So begann sie ihr Studium im Fach Biologie und wechselte erst später zur Literarischen Fakultät. Nach Beendigung des Studiums arbeitete sie bei verschiedenen Zeitschriften mit so exotischen Namen wie *Für die Aneignung der Technik* und *Das Flugzeug*, deren Chefredakteur Winogradow war, ihr erster Ehemann. Fast nichts Neues erfahren wir aus dieser biographischen Notiz über die Kriegsjahre und über ihre Arbeit bei der Wochenschrift *Ogonjok*, und auch über den letzten Lebensabschnitt, die Zeit zwischen der Haftentlassung 1964 und dem Tod 1995, wird nur wenig mitgeteilt. Die Herausgeber des Buches beenden die Biographie ihrer Mutter mit dem lakonischen Satz: »Sie starb am 8. September 1995 in Moskau und wurde auf dem Friedhof von Peredelkino in der Nähe von Pasternaks Grab bestattet, unter drei – inzwischen leider nur noch zwei – Tannen.«

Zu zwei Themen wären weitere Recherchen notwendig. Die Gestalt von Renate Schweitzer bleibt nach wie vor unscharf, beinahe mystisch. Sie war einerseits Musikwissenschaftlerin, andererseits, so behaupten einige ihrer früheren Bekannten, Masseurin. Nach Pasternaks Tod brach sie jede Beziehung zu ihrem früheren sozialen Umfeld ab und starb 1976, von aller Welt vergessen.

Zu den weißen Flecken dieser Geschichte gehört auch die Frage nach den Tantiemen für den *Doktor Schiwago*, vor allem nach den Honoraren für die Verfilmungsrechte. Selbst wenn Iwinskajas Schätzung, es müsse sich dabei um vier Millionen Dollar handeln, sicherlich überzogen ist, so müssen es doch einige hunderttausend gewesen sein. Vieles davon wurde in einem langen Streit der verschiedenen Rechtsnachfolger für Anwälte und administrative Kosten ausgegeben, doch in keiner Weise scheinen diese in ihrer Größenordnung den fehlenden Auszahlungen zu entsprechen. Mehr Klarheit in dieser Frage ist auch von den zur Zeit in Moskau laufenden Gerichtsverfahren nicht zu erwarten, da diese ohnehin eher mit dem archivalischen Nachlaß des Dichters zu tun haben.

So bleibt mir nichts anderes übrig, als gewissenhaft die Tatsache zu fixieren, daß mein Buch den Wissensstand vom Sommer 1999 wiedergibt.

György Dalos

Auswahlbibliographie

Renate Schweitzer: *Freundschaft mit Boris Pasternak*
Verlag Kurt Desch, Wien München Basel 1963

Heinz Schewe: *Pasternak privat*
Christians Verlag, Hamburg 1974

Olga Iwinskaja: *Lara. Meine Zeit mit Pasternak*
Hoffmann und Campe, Hamburg 1978

Boris Pasternak, Olga Freudenberg: *Briefwechsel 1910–1954*
S. Fischer, Frankfurt am Main 1986

Lazar Fleischmann: *Boris Pasternak. The poet and his politics*
Harvard University Press, 1990

Nina Murawina: *Vstrechi s Pasternkom* (Begegnungen mit Pasternak)
Ermitazh, Leningrad 1990

Doktor Schiwago Borisa Pasternaka
(Dokumente zur Entstehung des Romans)
Sovjetskij Pisatel, Moskau 1990

Vospominanija o Borise Pasternake
(Erinnerungen an Boris Pasternak)
Slowo, Moskau 1993

Kornej Tschukowskij: *Dnevnik 1930–1969*
(Tagebuch)
Sovremennyj Pisatel, Moskau 1994

Boris Pasternak: *Lettres à mes amies françaises 1956–1960*
(Briefe an meine französischen Freunde)
Gallimard, Paris 1994

Irina Jemeljanowa: *Legendy Potapowskovo Perculka*
(Legenden der Potapow-Gasse)
Ellis Lak, Moskau 1997

Lidia Tschukowskaja: *Zapiski ob Anne Achmatovoj*
(Aufzeichnungen über Anna Achmatowa)
Soglasie, Moskau 1997

Zeittafel

Oktober 1946
Olga Iwinskaja lernt Boris Pasternak kennen

Oktober 1949
Iwinskaja wird verhaftet und zu vier Jahren Arbeitslager verurteilt

Frühjahr 1953
Iwinskaja wird aus dem Lager entlassen

Mai 1956
Pasternak übergibt das Manuskript des *Doktor Schiwago* an
Sergio D'Angelo

August 1957
Olga Iwinskaja vertritt zum ersten Mal Pasternak bei der Sitzung
des Schriftstellerverbandes

November 1957
Doktor Schiwago erscheint in Italien

März 1958
Renate Schweitzer schreibt ihren ersten Brief an Pasternak

23. Oktober 1958
Verleihung des Nobelpreises an Pasternak

28. Oktober 1958
Pasternak lehnt telegraphisch den Nobelpreis ab

Januar 1959
Iwinskaja zieht in eine größere Datscha in Ismalkowo

Ostern 1960
Renate Schweitzer besucht Pasternak in Peredelkino

30. Mai 1960
Pasternak stirbt an Lungenkrebs

August 1960
Iwinskaja wird verhaftet

7. Dezember 1960
Gerichtsverhandlung

17. Dezember 1960
Iwinskaja und ihre Tochter werden nach Potjma verbannt

Herbst 1964
Iwinskaja wird aus dem Arbeitslager entlassen

1988
Doktor Schiwago erscheint in der Sowjetunion

1988
Iwinskaja wird rehabilitiert

8. September 1995
Olga Iwinskaja stirbt in Moskau

Personen, die in Olga Iwinskajas Leben
eine wichtige Rolle spielten

Bannikow, Nikolai (geb. 1918), Literat, Verlagslektor, Redakteur der Gedichte von Boris Pasternak

Chessin, Georgi (1899–1983), Direktor des Literaturfonds, später Leiter der Agentur für Urheberrechte

Chruschtschow, Nikita (1894–1971), Parteichef der KPdSU von 1953 bis 1964

D'Angelo, Sergio, italienischer Journalist, Verlagslektor

Efron, Ariadna (1912–1975), Übersetzerin, Tochter der Dichterin Marina Zwetajewa

Fedin, Konstantin (1892–1977), Prosaschriftsteller, Vorstandsmitglied des sowjetischen Schriftstellerverbandes

Feltrinelli, Giangiacomo (1926–1972), italienischer Verleger, Herausgeber des *Doktor Schiwago*

Iwanow, »Koma« Wjatscheslaw (geb. 1929), Linguist und Literat

Jemeljanowa, Irina (geb. 1938), Iwinskajas Tochter aus erster Ehe, Literatin, lebt heute in Paris

Nivat, Georges, Literat, 1960 Bräutigam von Iwinskajas Tochter, lebt heute in Genf

Pasternak, Boris (1890–1960), Lyriker und Prosaschriftsteller, Nobelpreisträger 1958

Pasternak, Sinaida (1892–1966), seit 1935 Pasternaks Gattin

Paustowski, Konstantin (1892–1968), Prosaschriftsteller

Polikarpow, Dmitri (1905–1965), Leiter der Abteilung Kultur des ZK der KPdSU

Schewe, Heinz (geb. 1911), langjähriger Auslandskorrespondent in Moskau, lebt heute in Wien

Schweitzer, Renate (1909–1976), deutsche Musikwissenschaftlerin, führte 1954 bis 1960 Korrespondenz mit Pasternak

Surkow, Alexej (1899–1983), Lyriker, Redakteur, 1954 bis 1959 Leiter des sowjetischen Schriftstellerverbandes

Tabidse, Nina (1900–1964), Witwe des georgischen Dichters Tizian Tabidse, Freund der Familie Pasternak

Tschukowskaja, Lidia (1907–1996), Prosaschriftstellerin und Kritikerin

Tschukowski, Kornej (1881–1969), Kinderlyriker und Literaturwissenschaftler

Winogradow, »Mitja« Dmitrij (geb. 1942), Iwinskajas Sohn aus zweiter Ehe, lebt heute in Moskau

Nachbemerkung

Beim Schreiben dieses Buches schöpfte ich aus den Memoiren von Olga Iwinskaja (Lara, meine Zeit mit Pasternak, Hoffmann und Campe, 1978), aus den Erinnerungen ihrer Tochter, Irina Jemeljanowa (Legenden aus der Potapowgasse, russisch, Moskau 1997), aus zahlreichen Briefen und Erinnerungen von Zeitzeugen, aus russischen und internationalen Zeitungen sowie aus Geheimdokumenten des Zentralkomitees der KPdSU und der Geheimpolizei KGB. Zu besonderem Dank verpflichtet fühle ich mich gegenüber Hildegard und Max Baumann sowie Anna Zinserling.

G.D.

Das Gedicht »Der Nobelpreis« wurde von
Rolf-Dietrich Keil aus dem Russischen übertragen.
© Fischer Taschenbuch Verlag GmbH, Frankfurt am Main 1988

Bildnachweis